KONSONANTEN UND VOKALE

Rudolf Steiners Charakteristika für die Eurythmie

Anregungen zum Studium der eurythmischen Lautqualitäten

zusammengestellt von

Werner Barfod

Beiträge aus der Studienarbeit der Academie voor Eurythmie

Neuauflage 2016
Sentovision GmbH
www.sentovision.com

1. Auflage 1991
2. überarbeitete und erweiterte Auflage 1997
3. Auflage (fotomechanischer Nachdruck) 2014

Umschlaggestaltung und Druck: FontFront.com, Roßdorf
Satz: Herman Boswijk

Vertrieb durch Synergia Auslieferung
www.synergia-auslieferung.de

Printed in EU
ISBN: 978-3-03752-089-5

Bibliografische Information der Deutschen Bibliothek
Die Deutsche Bibliothek verzeichnet diese Publikation in der deutschen Nationalbibliografie;
detaillierte bibliografische Daten sind im Internet unter http://dnb.ddb.de abrufbar.

Inhalt

Vorwort zur zweiten Auflage

Die Charakteristika der Konsonanten und Vokale in der vorliegenden Zusammenstellung bieten für die Arbeit mit der Eurythmie reiche Anregung; das hat sich mit dem Büchlein in der ersten Auflage gezeigt.

Die Eile, mit der vor gut fünf Jahren die erste Auflage fertiggestellt sein mußte, hatte zur Folge, daß einige Fehler nicht korrigiert wurden. Andererseits ist hier und da die Zuordnung in den siebener Stufen noch einmal überprüft worden und hat sich nach weiterem Studium auch bei den Vokalen die Mitte als der richtige Ort für den farbigen Laut erwiesen. Die Namensgebung der Stufen ist vereinfacht und verdeutlicht und andere Gesichtspunkte zugunsten der Klarheit einfach weggelassen.

Die Hauptsache aber ist wohl die ausführlichere Beschreibung der betreffenden Charakterisierungen im Wortlaut Rudolf Steiners und die genaue Quellenangabe. So hoffe ich, daß die zweite, verbesserte und erweiterte Ausgabe vielen eine fruchtbare Hilfe wird auf dem Weg zu den Quellen der Eurythmie.

12. Februar 1997 W. Barfod

I. Einleitung zu den Charakteristika für die Konsonanten

Rudolf Steiner hat in den Jahren der Entwicklung der Eurythmie von 1912 bis 1924 die Laute immer wieder auf einer anderen Ebene charakterisiert. Faßt man diese zusammen, erlebt man verschiedene Wirkungsebenen des Lautes einerseits und die seelische Verbindung mit dem Laut hinsichtlich der Beziehung zur Welt andererseits. Eine mittlere Ebene bilden die Farben. Zusammen mit den drei eurythmischen Kunstmitteln: Bewegung - Gefühl - Charakter, entstehen die Eurythmiefiguren. Die im Gemüt erlebte Farbigkeit im Gespräch zwischen innen und außen führt zur Lautgebärde (B: Gelb - Blau -Rot).

Die Werdestufen von Erde und Menschheit, wie Rudolf Steiner sie vielfach in seinem Werk beschreibt, sind Urbild und zeigen in den Lautstufen ihr Abbild. In den anthroposophischen Leitsätzen faßt Rudolf Steiner diese im 112. Leitsatz kurz und prägnant (GA 26):"Das Göttlich-Geistige kommt im Kosmos in den folgenden Etappen auf verschiedene Art zur Geltung:

1. durch seine ureigene Wesenheit;
2. durch die Offenbarung dieser Wesenheit;
3. durch die Wirksamkeit, wenn die Wesenheit aus der Offenbarung sich zurückzieht;
4. durch das Werk, wenn in dem erscheinenden Weltall das Göttliche nicht mehr ist, sondern nur dessen Formen."

Die Tat der Götter, mit dem beweglich gestaltenden Weltenwort zu schaffen, verdichtet sich aus dem schöpferischen Chaos als wesenhafter Ausdruck im Tierkreis. Die kosmisch-menschliche Gestalt wird geschaffen durch diese Tierkreiskräfte hindurch. Darin offenbart sich Wesen.

Der Inkarnationsweg vom Wesen zum Werk findet sich auch im einzelnen Laut. Er ist Teil der Schöpfung, des Logos, im Geschaffenen als Gestalt zu finden und seine Quelle im Kosmos als Wesen offenbarend.

In sieben Stufen ist versucht worden, diesem Schöpfungsgang in jedem einzelnen Laut zu folgen.

1. Wesensoffenbarung
2. Geistiges ist wirksam in der Gestalt
3. Geistiges wird seelisches Erleben
4. Der Laut als Farbdreiklang
5. Der Laut wird seelisch ergriffen
6. Der Laut als Bewegungsprozeß
7. Der Laut hinter den Erscheinungen der Natur

In der umgekehrten Richtung arbeiten wir uns von der Werkwelt zur Wesenswelt vor in der Darstellung der einzelnen Laute. Es ist der Weg des modernen Menschen.

Die Lautcharakteristika sollen dem Tierkreis folgend aufgeführt werden. Es bleibt dabei jedem selber überlassen, damit nach den verschiedenen Gesichtspunkten praktisch im Tun umzugehen.

Die Siebengliederung trägt eine qualitative Spiegelung in sich, die von den Prozessen hinter den Erscheinungen über die rein farbig eurythmische Mitte zum kosmisch Wesenhaften in der Gebärde führt, zum Ausdruck der menschlichen Gestalt in der Tierkreisgebärde. Diese ist Abbild des göttlichen Eurythmisierens für den spezifischen Teil der Menschengestalt. Z.B. (Schütze – Oberarm – G, K). Antwortet das Seelische aus dem spezifischen Teil der Menschengestalt heraus, so entsteht der Laut; drückt sich so zum Beispiel der Oberarm in einer seelischen Geste aus, dann entsteht daraus G bzw. K.

"Das Wort wallt durch die Welt und die Weltenbildung hält das Wort fest." Dieser Wahrspruch Rudolf Steiners wird in der Eurythmie fortgesetzt, indem aus der Menschengestalt das göttliche Bewegen im menschlichen Eurythmisieren erscheinen kann. Alle 12 Laute und Tierkreisgebärden mit ihren sieben Stufen sind die lebendige Menschengestalt.

Die Gliederung gilt in ihrer Siebenheit natürlich für alle Laute. Die Konsonanten spannen ihren Wesensbogen dabei vom wesenhaften Offenbaren bis hinunter zur Werkwelt. Bei den Vokalen beginnt diese Gliederung ebenso in der geistigen Logoskraft und begleitet die menschliche Entwicklung auf der Erde, das beseelte Wortwesen entwickelnd. Die Sprache wird hörbar, das ichbegabte Wesen steht den Göttern gegenüber. Aus dem dumpfen Vokalisieren der willensdurchdrungenen Seele wird langsam unser gedankentragendes Sprechen. Da setzt die Eurythmie im 20. Jahrhundert ein und setzt dieses göttliche Bewegen fort durch den schöpferischen Menschen. Es erwächst dem Menschen die Kraft, sich von sich aus mit der Welt zu verbinden und zum Geistigen zurückzustreben. Die fühlend schaffende Seele muß diesen Weg im Vokalischen zum Geistigen hin leisten. Der Vokal berührt die sinnliche Werkwelt nicht.

II. Der Tierkreis und der Laut

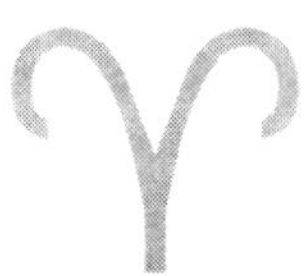

1. Der Tierkreis beginnt mit dem Widder und dem Laut W

Gerade der W-Laut, der bis zu den Vorträgen über die Lauteurythmie erst eine vorläufige Bewegungsgestalt hatte, das langezogene U nämlich, nimmt unter den Konsonanten eine Sonderstellung ein. Rudolf Steiner wollte den Laut zunächst gar nicht beschreiben, weil "der Laut so tief ist, daß man ihn nicht machen kann."[1]

Im letzten Vortrag des Lauteurythmiekurses 1924 wird dann das "W" eurythmisch geboren (12. Juli 1924).[2]

Der Laut hinter den Naturerscheinungen:

"die hinsprudelnde Welle" als das schwache W.

"das hinflutende Wogen" als das starke W.

Die Richtung des Bewegens wird mit der Vorsilbe "hin-" angesprochen und taucht immer wieder im Zusammenhang mit dem "W" auf.(12. Juli 1924)[2]

Der Laut als Bewegungsprozeß

"...eine schützende äußere Hülle, eine bewegliche Hülle, wie z.B. im Wald"

"...man trägt etwas an sich, wie einen sich immer erneuernden Schutz."[2]
Die Seele empfindet diesen beweglichen W-Laut, wenn sie sich in der Welt draußen in der Natur bewegt. Der bewegliche Schutz um den Menschen herum, auch seine eigene bewegliche Wärmehülle.

Der Laut seelisch ergriffen

"der Laut, der wellend trägt, der auf seinem Rücken die Fortbewegung hat" (Notizbuch 1924)[1]

"das W will wiederholt gebraucht werden: es wallet und woget, es weht und windet, es wirkt und webt"

"das W drängt zur natürlichen Alliteration"[2]

Dieses in Bewegung geraten mit dem W, sich fortbewegt fühlen, das wiederholen-Wollen lebt in den Untergründen der Seele.

Der Laut als Farbdreiklang

"Bewegung: Blau – Gefühl: Lila – Charakter: Rot"

Der Laut aus den drei Kunstmitteln farbig gebildet, ergibt das bewußte Beseelen der Bewegung. Bei der Eurythmiefigur fällt besonders auf, daß Kopf und Hände von dem Schleier eingehüllt sind. Auch daß der Schleier in seiner Gesamtgestalt gerundet erscheint um die Gestalt herum, gibt es nur bei der Lautfigur des "W". Die Knie sind gerade noch vom Lila-Gefühl eingehüllt. Es erscheint wirklich wie eine bewegliche Hülle um den Menschen.

Geistiges wird seelisches Erleben

"was hinwandelt, dessen Wesen in der Bewegung liegt, wird in dem W empfunden".[2] Das hinwandelnde Wesen ist die Empfindung des W. Wieder taucht die Vorsilbe "hin-" auf und gibt der Bewegung Richtung. Ein Wesen, das hinwandelt, gibt es nur einmal: der Mensch! Novalis beschreibt dieses Wesen in seinem ersten Hymnus an die Nacht:

"vor allem aber der herrliche Fremdling mit den sinnvollen Augen, dem schwebenden Gange, und den zartgeschlossenen, tonreichen Lippen"

Geistiges ist wirksam in der Gestalt

"das Hereinfassen des Universums und das menschliche Zurückblicken" (28. Oktober 1921)[4], "das Ereignis", "die Aufrichtekraft" (7. Juni 1912)[5], "das denkende Wesen"[6]

Das W erscheint in seiner Aufrichtekraft noch beweglich, aber schon verfestigt in der menschlichen Wirbelsäule. Hier ist die kosmische W-Kraft gestaltend tätig.

Wesensoffenbarung

Hier wirken alle Planetenkräfte im "Widder" zusammen und lassen die differenzierte W-Kraft erklingen. Rudolf Steiner gibt dem Ausdruck in der Widder-Strophe:[3]

Erstehe, o Lichtesschein,
Erfasse das Werdewesen,
Ergreife das Kräfteweben,
Erstrahle dich Sein-erweckend.
Am Widerstand gewinne,
Im Zeitenstrom zerrinne.
O Lichtesschein, verbleibe!

In der Imperativform fordert die Sprache auf, dem Ereignis des Sich-Aufrichtens zu folgen. Folgt man den Zeilen, die vier Mal mit dem auffordernden Verb beginnen und drei Mal das Verb am Ende der Zeile erklingen lassen, macht für jede Zeile nur den W-Laut, dann wird die Aufrichtebewegung immer wieder neu ergriffen von unten herauf, zum Schluß haben wir die Kraft uns darin zu halten in den letzten drei Zeilen. In der Tierkreisstrophe Rudolf Steiners erscheint der Wesensausdruck des Lautes am deutlichsten.

2. Der Stier-Laut "R" mit den Charakterisierungen Rudolf Steiners

Der Laut hinter den Naturerscheinungen:

"...das, was man als das Drehende empfindet, als ein Rad empfindet, das Drehende, Walzende, Rollende" (25. Juni 1924)[2]

"...das Radschlagen, was zur Rundung kommt; was im Atem liegt, der auch rollt" (26. Juni 1924)[2]

"lassen Sie sich vom Wind davontragen; sehen, wie Schilf oder Getreide, wie Strauch und Baum vom Wind hin- und hergeweht werden; stehend das Mitgerissensein erleben; einen steilen Abhang hinuntergehen – übergehen ins Laufen." (17. September 1912).[1] In all diesen Charakterisierungen werden Bewegungsprozesse in der Natur in der sinnlichen Welt beschrieben.

Der Laut als Bewegungsprozeß

"...der Laut, der das Drehen zur Offenbarung bringt, bei dem der Ausatmungsstrom in sich erzittert: der Zitterlaut" (2. Juli 1924)[2]

"...den Körper leise, aber schwungvoll und schön auf und ab bewegen – etwas in die Knie gehen, mit dem Kopf auf- und abbewegen." (2. Juli 1924)[2] Zum Lauterleben kommt hier die Beschreibung hinzu, wie er auszuführen ist.

Der Laut seelisch ergriffen

"... wie wir uns selber erfassen, wenn wir noch zu Rate gehen, wenn wir noch raten. Raten: wir drehen und wenden noch unser Urteil."

"Es ist also ein Egoistisches, das dasjenige, was es erzeugt, nicht der Außenwelt übergeben will, sondern es noch in sich behalten will." (2. Juli 1924)[2]

Es wird das "In-sich-in Bewegung-geraten" beschrieben als seelischer Prozeß.

Der Laut als Farbdreiklang

"Bewegung: Rot - Gefühl: Gelb - Charakter: Grün"

Aus den drei Kunstmitteln farbig gebildet, entsteht das R als bewußt beseelte Bewegung. Die hellrote Bewegung wird von dem Gelb zwischen hinten und vorn mitgerissen im Gefühl. Der Charakter greift rhythmisch ein: holt die wegstrebende Gebärde zurück und läßt dann wieder los. Rot - Gelb reißen die Bewegung wieder fort, und grün holt sie wieder zurück. Das ist nur beim Lauftlaut R der Fall als Mitte-Laut zwischen Stoß- und Blaselauten.

Geistiges wird seelisches Erleben

Das R schafft "innere Regsamkeit, das in sich Bewegte".

"... wir haben in dem R etwas, was zwischen Hingabe und Selbstbehauptung mitten drinnenliegt." (2. Juli 1924)

"...etwas, was eine Reserve, eine reservierte Haltung hervorruft im menschlichen geistig-seelischen Wesen." (2. Juli 1924)[2]

Die Lautkraft ist formend wirksam und schafft den spezifischen seelisch-geistigen Ausdruck, eine Haltung im Seelischen.

Geistiges ist wirksam in der Gestalt

"Das Hereinblicken ins Universum und das Hereinnehmen der Beweglichkeit des Universums."[4]

Es ist die "Tat", der Gliedmaßenmensch wird angesprochen: "...das Wort soll schweigen, es ist Willensausdruck, wenn sich der Mensch hinstellt und den Willen repräsentiert, was zur Tat werden kann." (7. Juli 1924)[2]

"das R wirkt weder beruhigend noch anregend, aber neutral und bekräftigend." (17. September 1912)[1]

Es ist ja die Kraft des Stieres, die die Beweglichkeit in den Kehlkopf hereinnimmt und im R als Kraft erscheint im Menschen. In der Eurythmie soll nun das hörbar gesprochene Wort schweigen, damit es in der sichtbaren Sprache ercheinen kann. Dieser Willensausdruck will in der Bewegungsgestaltung Tat werden.

Wesensoffenbarung

Im Zusammenwirken aller Planetenkräfte im Stier werden in der Stier-Strophe aus den "Zwölf Stimmungen" Rudolf Steiners die differenzierten R-Qualitäten erlebbar.[3]

Hinter jeder Zeile steht ein Planet in der Folge: ☉ ♀ ☿ ♂ ♃ ♄ ☾

Erhelle dich, Wesensglanz,
Erfühle die Werdekraft,
Verwebe den Lebensfaden
In wesendes Weltensein,
In sinniges Offenbaren,
In leuchtendes Seins-Gewahren.
O Wesensglanz, erscheine!

Auch hier fordert uns die Sprache in der Imperativform auf, der Tat als Willensausdruck kraftvoll zu folgen. Drei Mal ruft das Verb am Anfang auf, um dann die Kräfte zu verarbeiten, damit das Wesen erscheinen kann. Alles in Bewegung zu halten, in sich in der Ganzheit zu leben zwischen Hingabe und Selbstbehauptung, dazu werden wir aufgerufen.

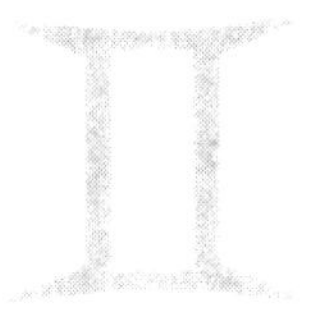

3. Folgen wir dem Tierkreis, kommen wir zum Zwilling und dem H-Laut

Der Laut hinter den Naturerscheinungen:

"...abstoßende Reaktion, wenn man sich wirklich bedrängt fühlt; sich wehren mit einer energisch abstoßenden Bewegung." (17. September 1912)[1]

"... der einfache Hauchlaut kann empfunden werden als die nachahmende Gestaltung in der Luft des Heranwehenden." (25. Juni 1924).[2]

Alles was aus der Welt als Hauch heranweht, wird als H-Laut erlebt.

Der Laut als Bewegungsprozeß:

Der Hauchlaut, "so wie der Atem die Atemluft heranweht". (25. Juni 1924).[2]

"der Blaselaut hat immer den Charakter des Hingebungsvollen, des Mitgehens mit der Außenwelt" (2. Juli 1924)[2]

Das H hat in seiner Bewegung das Energische wie auch das Hauchende, es kann auch hart sein!

Der Laut seelisch ergriffen:

Hier macht sich bereits die Doppelnatur des Zwilling bemerkbar. Das sich lösende Befreien im H nach außen einerseits und das ballende Heranholen an die Gestalt andererseits. Im einen das Spielerische, Heitere oder auch Wegwerfende, im anderen das sich behauptende Gehaltene, was auch Hülle bietet wie Haut, Hemd und Hut.

Der Laut als Farbdreiklang:

"Bewegung: Gelb – Gefühl: schwach rötlich – Charakter: bläulich"

Der Farbdreiklang ist zart und hell. Im Ankommen scheint der Charakter in der Eurythmiefigur der Gebärde Gestalt zu geben wie einem Stoßlaut; zugleich aber erscheint die Situation auf der Eurythmiefigur dem Blaselaut entsprechend wie im gespannten Moment vor der Lösung.

Geistiges wird seelisches Erleben

Das Heranwehende kündet das Nahen des Geistigen an, "es ist das Luziferische in dem H, das da zum Ausdruck kommt." (13. April 1921).[7]

"...das Geistige durch die Sprache in dem äußeren Objekt draußen aufsuchen." (14. April 1921)[7]

Wie im Umkreis sich verweben mit der Welt im H, in dem das A mitklingt im Aussprechen.

Geistiges ist wirksam in der Gestalt

"... im rechten und linken Menschen Sich-selber-Erfassen oder Betasten"[4]

Es ist die "Fähigkeit zur Tat" im Sich-Ergreifen angesprochen. Es ist die "Kraft der Entscheidung, des Urteils" über eine Sache[6], wie sie zu ergreifen ist, die im Zwilling angesprochen wird.

"...beide Körperhälften ordentlich in Bewegung bringen, den linken und den rechten Menschen, die zusammenstimmen müssen, in Bewegung bringen." (7. Juli 1924)[2]

Aus dieser Kraft "antwortet" die beseelte Gestalt im Schultergürtel mit dem Laut-H in der eurythmischen Gebärde, die "Symmetrie befestigend".[5]

Wesensoffenbarung

In der Zwilling-Strophe aus den zwölf Stimmungen Rudolf Steiners werden die verschiedenen Qualitäten der H-Gebärde erlebbar:

Erschließe dich, Sonnesein,
Bewege den Ruhetrieb,
Umschließe die Strebelust
zu mächtigem Lebewalten,
Zu seligem Weltbegreifen,
Zu fruchtendem Werdereifen.
O Sonnesein, verharre!

Auffordernd spricht die Sprachform zu uns auch hier, immer wieder wird der Willensweg zur Tat angesprochen. Wiederum beginnen die ersten drei Zeilen mit dem Verb, dann verarbeitend kommt am Schluß in:"...verharre!" diese Haltekraft des H-Wesens zum Ausdruck.

4. Dem Tierkreis folgend kommen wir zum Krebs und dem F-Laut

Der Laut hinter den Naturerscheinungen:

".. das F empfinden als Reaktion auf auffordernden Einfluß." (17. September 1912)[1]

Rudolf Steiner schildert dabei eine Landschaft, die sich plötzlich durch aufkommenden Wind verändert: Wolken - verdunkelnde Sonne - bewegter Bach - Bäume und Sträucher neigen sich - ein Mensch wirkt aufgeregt - lauter Aufforderungen, die in der Reaktion der Gebärde eine energische und zugleich elastische Bewegung hervorrufen.

Der Laut als Bewegungsprozeß:

F ist ein Blaselaut, der auch im Mitgehen mit der Außenwelt gefühlt wird.

"Wenn man das eigene Wesen zuerst in sich empfindet, und dann es in dem Aushauchen, in dem Ausatmen erlebt – F, dann hat man das F." (26. Juni 1924)[2]

"Wenn jemand das F spricht, stößt er den ganzen Atem aus; der Atem aber ist dasjenige, wodurch die Gottheiten den Menschen geschaffen haben, was also die ganze menschliche Weisheit im Winde enthält, in der Luft enthält, im Windhauch enthält." (25. Juni 1924)[2]

Der Laut seelisch ergriffen:

"eine Sache aus dem ff kennen", das ist die seelische Empfindung des F. (25. Juni 1924)[2] Darin lebt noch ein Rest der alten Mysterienweisheit.

"die Fülle der Weisheit innerlich fühlen und im Aussprechen des F fühlte man, wie einem die Weisheit im Worte bewußt wurde".

"Es läßt sich zusammenfassen in: "wisse du, daß ich weiß". (25. Juni 1924)[2]

"Man erlebt die Weisheit seiner selbst, gewissermaßen den eigenen Ätherleib im Aushauchen." (26. Juni 1924)[2]

Der Laut als Farbdreiklang:

"Bewegung: Weiß – Gefühl: Orange – Charakter: Rötlich." Der einzige Laut mit weißer Bewegung deutet auf die besondere Durchlässigkeit in der Bewegung hin, das Licht wird hindurchgelassen. Es ist die beleuchtete Stille, der Ätherleib in der Mandorla-Gestalt, der sich bis ins Unendliche ausbreiten kann. Diese Grundstimmung wird berührt von dem warmen Orange, das herein- und herausströmend das Weiß atmend bewegen läßt. Das Rötlich hält zart und doch kraftvoll die Gebärde zurück in den Armen und der Gestalt, läßt das Orange-Gefühl aber weiter strömen.

"...das läßt die Hände dann aktiv gegen den Arm sich beugen, wie wenn sie etwas beschützend bedecken würden." (27. Juni 1924)[2]

Geistiges wird seelisches Erleben:

In den alten Mysterien war der schöpferische Logos lebendig. Im Zusammenhang mit dem F nennt Rudolf Steiner drei Mysterienorte:

"in Vorderasien" - wohl Ephesus -, "in Afrika" - wohl Phila, Assuan -, "in Südasien" - wohl Madras, Südindien. (25. Juni 1924)[2]

Ephesos ist ein Artemismysterium (Artemis als Lebensspenderin).
Rudolf Steiners Wort zu Ephesus, den Artemis-Mysterien:
"Mensch, rede, und du offenbarst durch dich das Weltenwerden".
(Das Geheimnis des Sprechens)
"Das Weltenwerden offenbart sich durch dich, o Mensch, wenn du redest".
(Der Mensch als Hülle des Weltgeheimwissens) (2. Dezember 1923)[3]
Es sind beide Bewegungen angesprochen: verinnerlichen und aus sich heraus in die Welt verströmen.

In den Yoga-Mysterien Indiens ist der Weg der des innerlichen Erfühlens des Menschen durch die Seele in der Weisheit.

In den ägyptischen Isis-Mysterien gilt die Formel:
"Willst du anzeigen, was die Isis ist, die da weiß das Vergangene, das Gegenwärtige und das Zukünftige, die niemals ganz enthüllt werden kann, so mußt du es in dem Laute F tun." (25. Juni 1924)[2]

Nehmen wir hinzu, daß Rudolf Steiner über den mitgesprochenen Vokal beim F = ef spricht, der bei den Griechen noch F = fi war, so liegt es nahe, bei den indischen Mysterien "ef", bei den ägyptischen Mysterien "fe" zu vermuten und bei der ephesischen Mysterienstätte beide Qualitäten "ef-fe-sus" im Gleichgewicht: das Ein- und Ausatmen der göttlichen Weisheit: "Weisheit in mir, ich aus Weisheit gebildet, Weisheit in mir lebend, ich atme sie aus, sie ist da -"; "...es wird das ruhige Beherrschen desjenigen, was da in die Welt hinein gezaubert wird ausgedrückt." (27. Juni 1924)[2]

Das F als Siegel der Isis-Sophia.

Geistiges ist wirksam in der Gestalt:

"... der Mensch, der sich von außen nach innen einschließt."

Wir haben es mit der Kraft des "Sich-Umschließens" zu tun.[4]

Aus der Begeisterung muß der "Antrieb zur Tat" entstehen. Das ist der Krebs, alles, was einen stark ausgebildeten Brustkorb hatte, war ein Krebs." (7. Juli 1924)[2]

Aus dem Erfühlen des Brustkorbes, wird aus dem "Antrieb zur Tat" auch der Laut F geboren.

Wesensoffenbarung:

In der Krebs-Strophe der "Zwölf Stimmungen" Rudolf Steiners werden die Qualitäten der F-Gebärde erlebbar:

Du ruhender Leuchteglanz,
Erzeuge Lebenswärme,
Erwärme Seelenleben
Zu kräftigem Sich-Bewähren,
Zu geistigem Sich-Durchdringen,
In ruhigem Lichterbringen.
Du Leuchteglanz erstarke!

In verhaltener Aufforderung, "wisse du, daß ich weiß..." beginnend, mit den folgenden Verben erwärmend, entfaltet sich der Blaselaut F als geistige Kraft zu geistigem Licht.

5. Im Tierkreis kommen wir dann zum Löwen und zum T-Laut

Der Laut hinter den Naturerscheinungen:

Der erste Hinweis auf den T-Laut ist: "etwas den Kopf von oben berühren lassen." (23. September 1912)[1]

Das T ist "dasjenige, was auch deutend strahlt, aber im besonderen vom Himmel auf die Erde strahlt. Es ist das wichtige Strahlen, bedeutsam von oben nach unten strahlen... wie ein Blitz gewichtig einschlagen." (25. Juni 1924)[2]

Daraus entsteht auch: etwas mit dem Hammer einschlagen, einen Pfahl z. B. als T-Aktivität. Der Mensch erlebt sich im T als Geschöpf Gottes.

Der Laut als Bewegungsprozeß:

Der Mensch steht aufrecht auf der Erde und berührt mit seinem Kopf den Himmel. Der Mensch erlebt sich in seiner Gestalt auf die Erde gestellt, angekommen im Stoßlaut-T. Mit der T-Gebärde wird dieses göttliche Hinstellen nachgeahmt und zugleich weist der Mensch deutend mit dem weicheren Laut-D auf die Schöpfung.

Der Laut seelisch ergriffen:

Das Erlebnis des T ist: "es hat eingeschlagen", ein Ereignis hat mich berührt, es leuchtet in mir als etwas "Gewichtiges" auf. Es kann mich kraftvoll oder zart treffen, immer ist es ein Einschlag, der mich zentral im Herzen trifft.

Der Laut als Farbdreiklang:

"Bewegung: Orange – Gefühl: Rot – Charakter: Grün"
Das Orange bewegt in Wärme herauf und wird durch das leuchtende, helle Rot in der Aufwärtsbewegung noch unterstützt, der grüne Charakter schafft den Ausgleich, holt die sich öffnende Gebärde zurück im symmetrischen Berühren der Gestalt. Dieser Gestaltungsstrom fließt in seiner Wirkung herunter durch die ganze Gestalt und die gehobenen Füße halten sich in dem Kreuzen miteinander. Dieses "vom Geist bedeutsam berührt werden" strahlt bis herunter in die Füße.

Geistiges wird seelisches Erleben

"... der Laut T bedeutet das TAO, und bringt dem TAO, T, eine tiefe Ehrfurcht entgegen, wenn man versteht, was darinnen lebt... Es stellt dar das Gewichtige, sogar das Schöpferische, dasjenige, was auch deutend strahlt, aber im besonderen vom Himmel auf die Erde strahlt." (25. Juni 1924)[2]

Im TAO wird der Kosmos in stufenweiser Entwicklung erlebt, die sich nach göttlichen Gesetzen vollzieht. Das TAO stellt den Menschen in seiner Würde als geistiges Wesen in die Welt. Als einzig aufrecht stehendes Wesen in einem Leibe auf der Erde stehend und mit seinem Haupt den Himmel berührend, so hat der Mensch sich selber als "T" erfahren. Das T ist der Grenzlaut auch in der Evolutionsreihe der Konsonanten (siehe Faksimile-Abdruck für T. Kisseloff 1914)[1]. Er ist das Ende und der Übergang zu einem neuen Anfang: Tor des Todes und Tor des Lebens. Damit wird das T zu dem Laut, der das "Feststehen im Geiste" beinhaltet.

Geistiges ist wirksam in der Gestalt:

"Es sind die Wirkungen des offenen, entfalteten Lebens." (Notizbuch 1914 zum Tierkreis)[6]

Die Beziehung zwischen Umkreis und Mittelpunkt wie ein Weltenfühlen drückt sich im Verhältnis der Löwengebärde zum Laut-T aus. Der T-Laut erscheint als Echogebärde zur lodernden Begeisterung, dabei entsteht "inneres, sich abschließendes Leben".[5]

Wesensoffenbarung:

Die T-Qualitäten in der Löwen-strophe der Zwölf Stimmungen Rudolf Steiners:

Durchströme mit Sinngewalt
Gewordenes Weltensein,
Erfühlende Wesenschaft
Zu wollendem Seinsentschluß.
In strömendem Lebensschein,
In waltender Werdepein,
Mit Sinngewalt erstehe!

Voll erfühlend, alles durchdringend erklingt die Aufforderung im Löwen. Auch in der zweiten Hälfte hält dieses alles Durchströmen an, ein göttliches Berührtwerden, was unser Fühlen ausmacht: Es kann über die Grenze sich heraufschwingen.

6. Der Tierkreis führt uns weiter zum Jungfrau-Laut B

Der Laut hinter den Naturerscheinungen:

Die früheste Beschreibung lautet: "etwas in der Hand haben, das wieder zurückwirkt auf den Leib" (16. September 1912)[1]

Dann ist es der ganze Mensch, der "Schutz in etwas" erfährt, (1914, T. Kisseleff)[1]

oder diesen Schutz dem anderen bietend: "das Andere" (ebendort) oder sich aufgenommen fühlen "bei ihm..." (ebendort), "etwas umhüllen", es "bildet eine Hülle", es "bildet ein Haus nach", wir erleben das B als "der Mensch in seinem Haus". (24. Juni 1924)[2]

Der Laut als Bewegungsprozeß:

Das B ist ein mit den zusammengedrückten Lippen gebildeter Stoßlaut. Wir fühlen bei der B-Gebärde, daß wir "etwas umfassen, wir fühlen die Gebärde ausgefüllt mit einem Wesen oder einem Gegenstand." (26. Juni 1924)[2] Diese Empfindung gehört wesentlich zur Lautbildung dazu.

Der Laut seelisch ergriffen:

"Das Schutzbieten oder Gewähren vor dem Äußern", "etwas oder jemanden einhüllen", die "schützende Umfassung" gehört zum zentralen Erleben des B-Lautes.

"Was um eine Sache ist" - da hat man etwas vor sich, was eingehüllt, verpackt, geschützt ist.

"Etwas aus der Welt auf sich beziehen", ist etwas Schutzsuchendes, etwas absondern für sich selber. (26. Juni 1924)[2]

Der Laut als Farbdreiklang:

"Bewegung: Gelb – Gefühl: Blau – Charakter: Rot"
Drei kräftige Glanzfarben schaffen den Raum für die Gebärde im Seelischen. Mit der gelben Bewegung stellen wir uns durchstrahlt, lichtverbunden in die Welt, aus der vom Himmel herab auf uns zu das Blau wie ein Mantel sich um uns legen möchte. Dieser Zweiklang ist in heftiger Bewegung zwischen Strahlen und Umhüllen, und erst der Impuls des Rot, ergreift das Blau um die Gestalt herum in kraftvoller Entschiedenheit. Der linke Arm legt sich

schützend um den Herz-Raum und der blaue Schleier schwingt nach, der rechte Arm fügt sich etwas gemäßigter in die Gebärde, was man auch dem kleineren Schleierschwung ansieht.

Geistiges wird seelisches Erleben:

Das dem Kind "Schutzgewähren" der Jungfrau in ihrer sternstrahlenden, gelben Gestalt mit dem blauen Himmelsmantel, ist das Urbild für diese Gebärde. (26. Juni 1924)[2]

"Bei ihm da bin ich" (1914)[1] ist die Stimmung, in der seelisch die so schützende Umhüllung erlebt wird. Die Gebärde ausgefüllt erleben mit etwas, das umhüllt wird, das umfaßt wird.

Geistiges ist wirksam in der Gestalt:

"Es sind die Entstehungsimpulse"[6] und die "Reifung"[4], die als kosmische Kräfte wirksam werden in der Leibesgestalt. Es ist "das Innere in leiblicher Beziehung, ohne Beziehung zur "Außenwelt"[5], dieses Hereinnehmen der "vernünftigen Ernüchterung."

Wesensoffenbarung:

Die B-Qualitäten erleben wir in der Jungfrau-Strophe der Zwölf Stimmungen:

Die Welten erschaue, Seele!
Die Seele ergreife Welten,
Der Geist erfasse Wesen,
Aus Lebensgewalten wirke,
Im Willenserleben baue,
Dem Weltenerblüh'n vertraue.
O Seele, erkenne die Wesen.

Noch einmal erklingt der aufrufende Sprachcharakter. In den ersten Zeilen erscheint jetzt das Verb in der Mitte der Zeile und anschließend am Ende der Zeilen. Der Seele, der Jungfrau-Seele, wird zugerufen die Wesen zu erkennen.

7. Die Waage folgt im Tierkreis mit dem C und CH-Laut an der Grenze zwischen Tages- und Nachtbogen

Der Laut hinter den Naturerscheinungen:

Bei CH haben wir nur mündlich überlieferte Charakterisierungen: Das Aufnehmen, Durchatmen, der Hauch, sich Wind zufächeln.[8] ..."Bei C wird etwas nachgeahmt, was in Bewegung ist, es ist ein Stoßen." (25. Juni 1924)[2] Dieses stoßende Bewegen zielt aber ins Leichte hinein.

Der Laut als Bewegungsprozeß:

Bei CH ist es das Erfüllen mit Geistigkeit, die im Lufthauch vorüberweht.[8] Es ist der Blaselaut, der als Gaumenlaut hörbar wird.

"...Bei C wird die Eigenschaft des Leichtseins nachgeahmt".

"...Die Natur macht dieses Ausstoßen auch, denn das Niesen ist fast dem C ähnlich. Das Niesen ist eine Erleichterung".

"...spüren, was da auf einer Fläche Ihrer Arme liegt, hinauffliegt durch die C-Bewegung..."[2]

Der Laut seelisch ergriffen:

Bei CH im Hauch sich durchatmet fühlen.

"...Bei C sagten die alten Okkultisten: C ist der Regent der Gesundheit."[2]

"...Im Grunde wird das C am meisten dann erlebt, wenn das Kind vom Kriechen aus das Stehen lernt, die aufrechte Haltung lernt." (26. Juni 1924)[2]

Der Laut als Farbdreiklang:

Wir haben nur eine Eurythmiefigur und Farbangabe für das CH: "Bewegung: Orange – Gefühl: Grünblau – Charakter: Dunkelviolett." Die Doppelbewegung des Orange strömt Wärme heraus und im Zurücknehmen nimmt die orange Bewegung das kühle Grünblau aus der Umgebung auf und durchströmt die Gestalt. Das Dunkelviolett setzt nur an wenigen Stellen ein, um diesen Hauch des Höchsten durch sich hindurchströmen zu lassen.

Geistiges wird seelisches Erleben:

Beim CH ist es das Erfüllen mit Geistigkeit, mit dem Höchsten, dem Christus.

"...Der C-Laut nimmt gewissermaßen ins Geistige herein das Materielle und hebt es auf: Das Leichtsein andeutend. ...andeuten, daß etwas leicht ist, daß ein Materielles durch das Geistige überwunden werden kann." (26. Juni 1924)[2]

Das in die Höhe heben urbildlich, wenn wir uns erheben, aufstehen in die Aufrechte.

Geistiges ist wirksam in der Gestalt:

"Es sind die Impulse des Gleichgewichts", die durch die Waage hindurch dem Laut das in der Aufrechten Stehen mitgeben und das aus dem Umkreis günstig Sich-halten-Können.[6]

"Es ist die Gleichgewichtslage die Grenze, wo das Innere von dem Äußeren sich abschließt." (Becken).[5]

"Es ist das Suchen nach Gleichgewicht, das Einordnen in die anorganische Welt."[4]

"...das Abwägen der Voraussetzungen des Gedankens" was die eurythmische Charakterisierung der Waage-Kraft im seelischen Gleichgewicht anspricht. (7. Juli 1924)[2]

Wesensoffenbarung:

Die C und CH-Qualitäten spüren wir ab in der Waage-Strophe der Zwölf Stimmungen.

Der Charakter der Sprache verändert sich nun; es ist die erste Strophe in der Indikativ-Form, der Aussageform ohne Aufforderung; es erklingt, was ist.

Die Welten erhalten Welten,
In Wesen erlebt sich Wesen,
Im Sein umschließt sich Sein.
Und Wesen erwirket Wesen
Zu werdendem Tatergießen,
In ruhendem Weltgenießen.
O Welten, traget Welten!

Die Gleichgewichtslage wird besonders betont dadurch, daß jede Zeile das Verb in der Mitte aufnimmt. Die Substantive wiederholen sich, wodurch ein rhythmisches Gleichgewicht entsteht.

8. Der Skorpion folgt im Tierkreis mit dem magisch wirkenden S-Laut

Der Laut hinter den Naturerscheinungen:

Alle Laute sind zu verstehen und zu erfassen vom aufrecht stehenden Menschen aus. Im Verhältnis zur Schöpfung in der Natur entsteht immer ein Dialog zwischen Mensch und Welt.

"S bedeutet immer das gemeinsame Bewegen und Formgeben mit einem Gegenstand".

"Das Urbild des S ist der Mensch, der sich an einen Thyrsosstab lehnt".[1] Alles Anlehnen, Aufstützen ist S, indem die Aufrechte nicht in sich getragen wird, sondern außerhalb einem Gegenstand anvertraut wird. Der Gegenstand (Stab, Zweig, Schleier, Instrument) mit dem man sich Form gibt, d.h. immer die Beziehung der Bewegung zur Gestalt läßt das S erscheinen.

Der Laut als Bewegungsprozeß:

S ist als Blaselaut zugleich Zahnlaut.

"...Die verschiedenartigsten Bewegungen entstehen je nach der Art des Gegenstandes. Das Stück Außenwelt bewirkt die Bewegung, bildet den Charakter des S, je nachdem man sich mitbewegt oder sich Form gibt."[1]

Fühlen wir die Bewegung mit, gehen wir ihr im Mitbewegen nach. Wir können auch wie hineinschwingen und uns Form geben wie z.B. beim Fahnenschwingen.

Der Laut seelisch ergriffen:

"...Das S war immer verbunden mit etwas Furchterregendem bei denjenigen, die man auf dieses Symbolum hinwies; etwas Furchterregendes, wovor man sich hüten soll und das man doch wiederum im Leben nicht entbehren kann." (26. Juni 1924)[2]

"...der S-Laut ist immer empfunden worden als etwas besonders tief in das Sprachliche Eingreifendes... Der S-Laut hängt zusammen mit dem, was man in Urzeiten der Menschheitsentwicklung als Empfindungen für das Schlangensymbol oder auch für das Symbol des Merkurstabes gehabt hat." (26. Juni 1924)[2]

Der Laut als Farbdreiklang:

"Bewegung: Grau – Gefühl: Braun – Charakter: Schwarz"
Die Bewegung des Grau hat eine willenlos treibende Schwere wie Nebel ohne Sonnenlicht. In diesem ziehenden Trüben gleitet die Bewegung an allen äußeren Formen entlang, läßt sich in Braun von außen formen. Diese für jeden Einfluß offene Gebärde wird vom schwarzen Charakter ergriffen wie ein negativer Blitz, der im rechts-links Wechsel die ganze Gestalt durchfährt und den S-Laut formt. Wichtig ist, daß der Charakter von oben nach unten oder von unten nach oben zeitlich im Bewegungsablauf der Gebärde diese beherrschte Gestalt gibt. Der Charakter schießt hindurch, gibt dem S-Laut seine charaktervolle, wirksame Gebärde und entschwindet. Der Charakter läßt sich nicht festhalten, es bleibt eben gerade Blaselaut.

Geistiges wird seelisches Erleben:

"...In der S-Schwingung, in der S-Windung ...empfindet man eine gewaltige Beruhigung desjenigen, was in Unruhe ist, wobei man die Sicherheit empfindet, in das verborgene Wesen von irgend etwas beruhigend einzugreifen." (26. Juni 1924)

"...die echten Mysterienschüler hatten Humor und kleideten dasjenige, was sie gut heilig zu halten wußten, zuweilen in humoristische Formen:...Ja, weißt du, wenn man das S-Geheimnis kennt, da kann man die verborgenen Eigenschaften der Männerherzen sehen und das Frauenherz erforschen; man kann beruhigen alles dasjenige, was sich im Herzen verbirgt und kommt in die verborgenen Tiefen hinein..."; "...ein Beruhigen des Bewegten, wobei man sicher ist, daß durch das angewendete Mittel die Beruhigung eintritt." (26. Juni 1924)

"...eine wichtige Sache für das Mysterienwesen, ...es wurde in ihm (dem S-Laut) tatsächlich etwas Zauberhaftes gesehen; ...er beruhigt etwas, wovon man überzeugt sein kann, daß er beruhigend in das Innerste eines Wesens eindringt." (27. Juni 1924)[2]

"Es wird etwas mit Berherrschung abgelenkt mit dem S-Laut."

"...Es liegt in der Beziehung zwischen den beiden Armen, die entsteht bei der Bewegung des S-Lautes." (27. Juni 1924)[2]

Der Laut hat auch heute noch eine magische Wirkung, wenn wir ihn scharf und stimmlos sprechen oder bewegen. Er wird zum Laut Ahrimans da, wo die Beherrschung der Bewegung von außen ergriffen wird und dem Menschen als Schwingung aufgezwungen wird.

Geistiges ist wirksam in der Gestalt:

"Es sind die Impulse des Reizes"[6], die den Menschen von außen aus der Welt ergreifen oder von innen aus seinem Organismus bedrängen. Der Verstand mit seinem Pol in den "Reproduktionsorganen"[5] spiegelt diese beiden Kräfte, die Rudolf Steiner auch "Giftstachel" nennt.[4]

Wesensoffenbarung:

Die S-Qualitäten sprechen sich aus in der Skorpion-Strophe der Zwölf Stimmungen. Die Sprachqualität äußert sich in der Indikativform.

Das Sein, es verzehrt das Wesen,
Im Wesen doch hält sich Sein.
Im Wirken entschwindet Werden,
Im Werden verharret Wirken.
In strafendem Weltenwalten,
Im ahndenden Sich-Gestalten
Das Wesen erhält die Wesen.

Auch erklingen die Verben in der Mitte der Zeilen, bringen sie doch Dramatik in das Sein, sie sind stark und fordern Selbstbehauptung.

9. Der Schütze folgt im Tierkreis mit dem Lautpaar G und K

Der Laut hinter den Naturerscheinungen:

G und K gehören zu einer der beiden Lautreihen, die Rudolf Steiner ganz am Anfang aus dem Alphabet heraus bildet und dabei kleine Korrekturen anbringt: D F G K H mit einer beruhigenden und lösenden Wirkung und L M N P Q mit einer anregenden, weckenden Wirkung.

Die Charakterisierung des Lautes entsteht als Gefühlsreaktion auf eine malerisch geschilderte Landschaft. Bei G ist es die Reaktion auf eine häßliche, Ablehnung, Abscheu und ekelerregende Außenwelt. Sich in diese Welt hereingestellt erleben und dabei deutlich abwehrend reagieren. "Lernen Sie G empfinden als abwehrende Reaktion"[1] Bei K steigert sich das Empfinden aus dem bedrängt werden und angegriffen werden zu einer "energisch abstoßenden Bewegung, um sich zu wehren."

Der Laut als Bewegungsprozeß:

G und K sind Stoßlaute in der milden und härteren Form. Es sind beides Gaumenlaute. Die Gebärde schafft sich Raum in der Welt, es verstärkt den eigenen Raum als Lebensraum. Durch die Lautkraft fühle ich mich gestärkt in der Welt darinnenstehen.

Der Laut seelisch ergriffen:

Der G-Laut weist auf ein "innerliches Sich-Befestigen". Das Befestigen betrifft sowohl "die Seelenkräfte wie auch das ganze natürlich im Menschen sich Ausbreitende". Es ist der Laut, der "das menschliche Wesen in sich zusammenhält". Mit dem "Abwehren des Äußeren zugleich das Innerliche zusammenhalten". (12. Juli 1924)[2]

Bei K haben wir "die Abwendung, das Sich-in-sich-Verkrampfen gegenüber dem Äußeren, aber auch dasjenige beherrschen". (27. Juni 1924)[2]

Der Laut als Farbdreiklang:

"G: Bewegung: gelb – Gefühl: silbergrau – Charakter: blau"

"K: Bewegung: karminrot – Gefühl: gelb – Charakter: zinnoberrot"
Das lichte Gelb strahlt mit der Bewegung in die Welt und wird von dem silbergrauen Nebelschleier gedämpft. Der etwas grünblaue Charakter gibt

diesem widerstrebenden Dialog innere Stärke und behauptet sich zusammen mit dem Gelb. Das Silbergrau wird nach oben weggeschoben und auf der anderen Seite mit der Gebärde nach unten weggedrückt.
Das kraftvolle Karminrot beim K wirkt wie eine geballte Kraft, das kraftvolle Gelb hebt die Gebärde ins Licht herauf und verstärkt den Impuls des Beherrschen-Wollens, der im Zinnoberrot dann die Gebärde voll erscheinen läßt. Spitz nach unten formen sich die beiden kleinen Schleier im Gelb.

Geistiges wird seelisches Erleben:

Das G und K schaffen beide Raum für das Seelisch-Geistige. "Es befestigt sich die Seele in sich - es befestigt die Natur in der Seele." (Notizbuch 1924)[1]

Beim K haben wir "das Beherrschen der Materie vom Geiste aus". (27. Juni 1924)[2]

Geistiges ist wirksam in der Gestalt:

"Es sind die Impulse der wirkenden Seele"[6], die den Menschen in der Welt sich behaupten lassen. Es erscheinen in den Tätigkeiten des Menschen auf der Erde die Urberufe, zuerst "der Jäger".[4] Mit der Gestalt verbunden bildet sich aus dem Kosmos heraus der "Oberschenkel"[5]. Seelisch äußert sich diese Kraft im "Entschluß" (7. Juli 1924)[2].

Wesensoffenbarung

Die Lautqualitäten van G und K sprechen sich in der Schützen-Strophe der Zwölf Stimmungen Rudolf Steiners aus. Es ist die dritte und letzte Strophe in der sprachlichen Indikativform, der Aussage.

Das Werden erreicht die Seinsgewalt,
Im Seienden erstirbt die Werdemacht.
Erreichtes beschließt die Strebelust
In waltender Lebenswillenskraft.
Im Sterben erreift das Weltenwalten,
Gestalten verschwinden in Gestalten.
Das Seiende fühle das Seiende!

Zunächst wird die Entschlußkraft im Raumschaffenden erlebbar. In der zweiten Hälfte erfahren wir etwas vom Loslassen, wenn das Ziel erreicht ist.

10. Im Tierkreis folgt der Steinbock mit dem Laut L

Der Laut hinter den Naturerscheinungen:

Das "Gewahrwerden der freien Entfaltbarkeit" besonders in der Natur, im Wachstum der Pflanzen, im Jahreslauf gehört zu den ersten Angaben.[1] Diesen Prozeß können wir im Wäßrigen und Luftigen, sogar im Erdigen, im Aufwerfen der Hügel gewahrwerden.

"Man empfindet das L als etwas Reales, wie wenn man einen Kloß essen würde,...den man mit der Zunge leicht zerschmelzen läßt in innerem Wohlgefallen." (25. Juni)[2]

Das L hat als Grundsubstanz der Bewegung das "Sich-Anschmiegen"[2], "das Formende, das nachahmend Formende oder das formende Nachahmen".

"Wir fühlen, wie wenn die Arme biegsam würden, die Arme in sich biegsam würden beim L-Gestalten; so ähnlich wie mit der Zunge, wenn man L spricht.[2] (26. Juni 1924)

"Beim L-Sprechen müssen wir die Zunge wellig schlagen wie das Meer." (2. Juli 1924)[2]

Der Laut als Bewegungsprozeß:

Das L ist Mitte-Laut; zusammen mit dem R bilden sie die doppelte Mitte. Das L ist der Wellenlaut, der Zungenlaut, den wir wellend erfühlen. Genau ist das R Zungenlaut, aber als Zitterlaut, als Luftlaut.

"Beim Wellenlaut machen wir die Körperbewegung für sich, schwungvoll, rhythmisch: vorn, rückwärts, vorn, rückwärts, so daß er bis ins Physische hinein da ist - abwechselnd von der Ferse auf die Zehen gehen". "...so weit nach vorn schaukeln, daß Sie fast nach vorne fallen, gerade noch sich halten können, dann wiederum fast nach hinten fallen, gerade noch sich halten können." (2. Juli 1924)[2]

"Sie fühlen das Schöpferische, das Formende, in dem Sie ein L lauten lassen." (25. Juni 1924)[2]

Der Laut seelisch ergriffen:

"In L und R ist das in sich Bewegte ausgedrückt." (2. Juli 1924)[2]
Es ist die Qualität, die auch den Jahreslauf nachempfinden läßt im L.

"Es ist etwas Schöpferisches darinnen, etwas Gestaltendes in dem L." (25. Juni 1924)[2]

In der Evolutionsreihe kommt dem L nach der Erregung die Beruhigung zu.[1]

Der Laut als Farbdreiklang:

"Bewegung: silbergrau – Gefühl: lila – Charakter: orange."
Mit der silbergrauen Bewegung ist das durchlichtete Grau der Schwere enthoben ohne Willensimpuls dahinziehend. Die lila Umgebung erwärmt das Silbergrau, nimmt es ein wenig mit in den Umkreis. In dem Wechselgespräch der beiden Farbqualitäten entsteht ein wellenatmendes Bewegen. Diese vorbereitete Bewegungssubstanz wird vom orangen Charakter zeitsynchron mit der sich entfaltenden Bewegung ergriffen und es erscheint die bewegliche Gestalt des L von unten nach oben in sieben Wellenbögen zum Erblühen gebracht (Füße - Knie - Hände - Zwerchfell - Schultergürtel - Kinn - Stirn).

Geistiges wird seelisches Erleben:

"In den alten Mysterien hat man gesagt: Das L ist das in allen Dingen und Wesen Schöpferische, Gestaltende, die die Materie überwindende Formkraft." (25. Juni 1924)[2]

"Eine Substanz, die Materie in Form umgestaltet. Das soll ihr eigenes Wesen sein".

"Das L wurde in den Mysterien als Zauberlaut angesehen, denn wenn man etwas formt, so bringt man es in seine Gewalt... Das war der Aspekt, in dem die Mysterien die dämonische Kraft des L gesehen haben." (26. Juni 1924)[2]

"Das L ist der Laut der Überlegung mit Hingabe. Man läßt sich lieber etwas sagen, als daß man selber entscheidet. (2. Juli 1924)[2]

Geistiges ist wirksam in der Gestalt:

"Es sind die Impulse des Widerstandes"[6], die den Menschen "die Auseinandersetzung des Gedankens mit der Welt" erfahren lassen. (7. Juli 1924)[2]
In der Folge der Urberufe kommen wir mit dem Steinbock zum "Tierzüchter".[4] An der Gestalt bildet sich aus dem Kosmos geformt das "Knie"[5] - beziehungsweise der Ellbogen.

Wesensoffenbarung:

Die Lautqualitäten des L sprechen sich in der Steinbockstrophe der Zwölf Stimmungen Rudolf Steiners aus. Es ist die erste der drei Strophen in der Konjunktivform, der Wunschform.

Das Künftige ruhe auf Vergangenem.
Vergangenes erfühle Künftiges
Zu kräftigem Gegenwartsein.
Im inneren Lebenswiderstand
Erstarke die Weltenwesenswacht
Erblühe die Lebenswirkensmacht.
Vergangenes ertrage Künftiges!

Vergangenes und Künftiges stehen in wechselseitiger Beziehung zueinander, die im Lebenswiderstand erstarkt und erblüht zur Lebenswirkensmacht, wenn beide Kräfte in der Gegenwart fruchtbar ergriffen werden können.

11. Im Tierkreis kommen wir zum Wassermann mit dem Laut M.

Der Laut hinter den Naturerscheinungen:

"M ist "sich-fühlen-in-etwas", es ist die gewöhnliche Gehbewegung oder Auf- und Ab-bewegen der Hände." (17. September 1912)[1]

Die ganze Aufmerksamkeit, sein ganzes tastendes Empfinden darauf richten, "sich in etwas zu fühlen", in dem man sich bewegt: Wärme oder Kälte, Schwüle oder Frische, Regen oder Nebel, in Wind, in Wasser, auf einem Weg, durch hohes Gras, über Sand, auf steinigem Boden. "Die fremde Form annehmen ist M." "Was auf alles eingeht aus der Umgebung." (25. Juni 1924)[2]

"Die Elefanten machen mit ihrem Rüssel im Strecken und vorn drehen das vollkommenste M".

"...Mit einer Adlernase wird diese M-Gebärde in der Form unbewußt ausgeführt, wird in ein M gebracht. Man fühlt sich demgegenüber durch und durch verstanden. Es ist das ein festgehaltenes Verstehen in der Form, demgegenüber wir uns geniert fühlen..." (26. Juni 1924)[2]

Der Laut als Bewegungsprozeß:

M ist Lippenlaut und als solcher der weichste Stoßlaut. (2. Juli 1924)[2]

"...Zuerst kommt das Ergreifen, dann kommen Sie hinein in das andere, und dann verstehen Sie es. Darin bleibt man stehen mit der Gebärde, im selbstverständlichen Erfassen der Gebärde, im Verstehen..." (26. Juni 1924)[2]

"...dasjenige, was alles versteht, was so hinübergeht im Atem, daß es sich allem anschmiegt und alles versteht." (25. Juni 1924)[2]

Der Laut seelisch ergriffen:

"...Das heilige Wort Indiens: Aoum; M, das alles versteht, wo der Atem hinübergeht...: (25. Juni 1924)[2]

"BMD" - B-Schutz in Etwas, dadurch wird man stark - M, und kann durchdringen D.

B - das Andere, M - mein Versuch hineinzugehen, D-ichselbst.

B - bei, M - ihm, D - da bin ich. (1914)[1]

"Sich fühlen in etwas", in einer Substanz...[7]

Der Laut als Farbdreiklang:

"Bewegung: Grün – Gefühl: Blau – Charakter: violett"
Mit der grünen Bewegung fühlen wir uns getragen vom Horizont, die Gebärde weitet sich in den Umkreis, sie atmet zwischen Nähe und Weite in der Fläche. Kommt jetzt Blau von hinten heran, durchströmt dieses Grün, wird es mitgenommen in die Welt, löst sein ruhig Flächenhaftes, mit dem Violett als Charakter dringt die Gebärde verständnisvoll ein. Es entsteht das Ur-M. Zum M gehört vom Wassermann kommend die Doppelrichtung, so kommt das Blau einerseits von hinten und andererseits von vorn, es wird mit dem Violett rechts von hinten nach vorn strömend ergriffen und links von vorn nach hinten strömend ergriffen, dann entsteht das gegenläufige M wie in der Eurythmiefigur.

Geistiges wird seelisches Erleben:

'Aoum' drückt dieses verständnisvolle Eindringen in die Schöpfung in der Ausatmung aus. Im Anschmiegen versteht es alles. Es ist der Ausdruck der Freude über das Verstehen:"Mhn"! ... Es drückt das M aus: es stimmt, es steht im Einklange." (25. Juni 1924)[2]

"...Das verständige Eingehen auf eine Sache... das Verstehen der Welt...." (26. Juni 1924)[2]

Geistiges ist wirksam in der Gestalt:

"Es sind die Impulse des tätigen Gleichgewichts"[6]

An der Gestalt bildet sich aus dem Kosmos geformt der "Unterschenkel" beziehungsweise der "Unterarm" aus.[5]

Bei den Urberufen kommen wir zum "Ackerbauer, mit dem schreitenden Wassermann" .[4]

"Der Ausgleich der Kräfte von Denken-Fühlen-Wollen wird gesucht: der im Gleichgewicht befindliche Mensch." (7. Juli 1924)[2]

Wesensoffenbarung:

Die Lautqualitäten des M sprechen sich in der Wassermann-Strophe der Zwölf Stimmungen Rudolf Steiners aus. Die Sprachform ist auch hier konjunktivisch.

Begrenztes sich opfere Grenzenlosem.
Was Grenzen vermißt, es gründe
In Tiefen sich selber Grenzen;
Es hebe im Strome sich,
Als Welle verfließend sich haltend,
Im Werden zum Sein sich gestaltend.
Begrenze dich, o Grenzenloses.

Wie beim Grün der Bewegung des M spüren wir die Atembewegung zwischen Begrenztem und Grenzenlosem in allen Ebenen des Menschseins. Dieser Ausgleich der Kräfte, dieses Ringen um Gleichgewicht, um die Mitte, ist Ausdruck dieses Lautwesens.

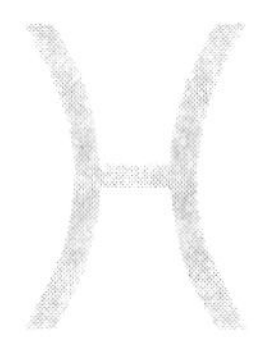

12. Als letztes im Tierkreis kommen wir zu den Fischen und dem Laut N.

Der Laut hinter den Naturerscheinungen:

"N: Vorübergehendes Verbundensein" (17. September 1912).[1]

Etwas aufnehmen aus der Welt, was man versteht und zugleich durchschaut: von Außen nach Innen, dann aber sich davon schnell wieder absetzt.

"Fühlen Sie die Zartheit oder Rauheit einer Baumrinde, den samtigen Schmelz einer Blume, einen heißen Ofen, ein Stück Eis in diesem vorübergehenden Verbundensein".[1]

Der Laut als Bewegungsprozeß:

N ist ein Zahnlaut als Stoßlaut, man stößt nur kurz an.

"...flache Hände von sich weg und dann an sich heran" (17. September 1912)[1] Eine Bewegung, die man an den Sprachorganen selber beobachten und entzaubern kann in die eurythmische Bewegung.[1]

Der Laut seelisch ergriffen:

"...N ist das abweisende Verstehen, wobei man sich leise ironisch verhält"; "...dieses weltverachtende Verhalten des Menschen gegenüber etwas, von dem er als selbstverständlich empfindet, daß er es versteht." (26. Juni 1924)[2]

"...Man empfindet: da ist nicht viel dahinter, das habe ich 'inne'."

"...die Sache verstehen und schnell darüber hinweg wollen..."[2]

Es ist ein mehr antipathisch, intellektuelles Erfassen der Welt im N. Es ist auch der Anfang der inneren Erregung durch eine Sache (Evolutionsreihe).[1]

Der Laut als Farbdreiklang:

"Bewegung: Gelbgrün – Gefühl: Blauviolett – Charakter: Hellila."
Mit dem Hellgrün sich in die Welt bewegen, geschieht schon mit etwas Eigenwilligkeit des Selbstgefühls; das Blauviolett kommt von oben nach unten einerseits und von unten nach oben andererseits und ergreift das Gelbgrün und drückt es etwas gewaltsam in die Weltverbindung, aus der sich das N mit dem Hellila-Charakter schnell wieder ablöst und zu sich selber erwacht. So ersteht der "Doppelschleier" in der Eurythmiefigur.

Geistiges wird seelisches Erleben:

Im N erleben wir das "vorübergehende Verbundensein", das neu Ergreifen und bereits wieder abgerundet, abgelöst "zu sich gekommen sein". Das flüchtige Berühren des Schicksalsaugenblicks, den wir wach ergreifen oder auch abweisen.

Geistiges ist wirksam in der Gestalt:

"Es sind die Impulse des Schaffens"[6], die den Menschen immer wieder neu in die weckende Beziehung zur Welt bringen.

An der Gestalt werden aus dem Kosmos "Füße" beziehungsweise "Hände" erbildet.[5] Wie die Fische zwei Qualitäten andeuten, so auch "Füße und Hände", bei denen eines verbunden und eines gelöst erscheint. Im Schritt wie im Ergreifen der Welt im Verhältnis zur Selbsterkenntnis.

Bei den Urberufen kommen wir bei den Fischen zum "Handeltreibenden".[4]

".. Bei den Fischen verschwimmt der Mensch mit der Außenwelt, da wird seine Tätigkeit Schicksal. Der Mensch lebt im Moralischen wie die Fische im Wasser drinnen, so lebt der Mensch mit seinem Schicksal: Das Ereignis ist Schicksal geworden." (7. Juli 1924)[2]

Wesensoffenbarung:

Die Lautqualitäten des N sprechen sich in der Fische-Strophe der Zwölf Stimmungen Rudolf Steiners aus:

Im Verlorenen finde sich Verlust,
Im Gewinn verliere sich Gewinn,
Im Begriffenen suche sich das Greifen
Und erhalte sich im Erhalten.
Durch Werden zum Sein erhoben,
Durch Sein zu dem Werden verwoben,
Der Verlust sei Gewinn für sich!

Der Prozeß als solcher, das Verhältnis zwischen Welt und handelndem Menschen, er ist Verlust und Gewinn zugleich. Werdend zum Sein gelangen in immer neuen Stufen, das ist der Schicksalsweg, der sich im N in den Fischen ausdrückt.

III. Einleitung zu den Vokalcharakteristika

"Der Mensch gebiert sich in seiner Würdigkeit wieder. Es entsteht der Eindruck des frischen, ursprünglichen Menschen." (24. Juni 1924)[2] So äußert sich Rudolf Steiner über die fünf Vokale. Der Mensch ist eine Schöpfung der Götter, eine Wort-Schöpfung. Die Götter schaffen bewegend-sprechend, und es entsteht die menschliche Leibesgestalt. Diese menschliche Form ist aus dem göttlichen Bewegen hervorgegangen. Durch die planetarischen Entwicklungsphasen wird aus dem Ausdruck des Logos: - dem Menschen - Wort - Leib, der beseelt lebenerfüllte Mensch, der sich im Licht verdichtende Mensch und der auf der Erde Ichbegabte physisch-leibliche Mensch als Wortwesen. Durch die irdischen Entwicklungsstufen hindurch wird Sprache hörbar, das Ichbegabte Wesen stellt sich den Göttern gegenüber. Aus dumpfem Vokalisieren der willensdurchdrungenen Seele wird langsam unser abstraktes gedankentragendes Sprechen. Die Eurythmie als Kunst des 20. Jahrhunderts setzt das göttliche Bewegen fort durch den schöpferischen Menschen. "Der Mensch kommt durch die Eurythmie näher an das Göttliche heran, als er es ohne sie kann." (Rudolf Steiner)

Dieser Weg der Entwicklung des Menschen hat seinen Widerklang in der menschlichen Seele durch die Vokale. Mit dem A aus dem Kosmos sich bildend, über das E sich ergreifend, kommt der Mensch zu sich selber im I. Es erwächst die Kraft, sich von sich aus mit der Welt zu verbinden im O und zum Geistigen zurückzustreben im U. Aus der Symmetrie heraus wird der Mensch geschaffen und findet auch in der Symmetrie seinen geistigen Weg zurück zu den Göttern. In der Mitte aber steht der Mensch auf sich gestellt, in der Asymmetrie sich selber in Freiheit haltend im I, im Gleichgewicht.

Jeder Vokal hat seine Ebenen, in denen er sich verschieden manifestieren kann. Es gibt eine geistige, seelische und leibliche Ebene, in denen Götter und Menschen in verschiedenem Maße wirksam sind. In der seelischen Ebene ist der klingende Vokal zuhause: als reine Seelenäußerung, als Innenerleben und in Beziehung zur Welt. Der Vokal bleibt aber immer seelischer und seelisch-geistiger Ausdruck des Menschen, er berührt die Welt seelisch. Der Konsonant verdichtet sich bis in die sinnlich erscheinenden Prozesse herein, er ist Äußerung zwischen Wesenswelt und Werkwelt.

Wir kennen Charakteristika zur Lautbildung in der Eurythmie, zum Lauterleben und zur Lautwirksamkeit. Bei genauem Hinschauen ergibt sich eine Folge von sieben Stufen: Beim Vokal kann sie nur der sich inkarnierenden und dann wieder sich lösenden Seele im Verhältnis zum Leiblichen entsprechen. So wie das sich inkarnierende Menschenwesen vom Kind bis zum voll bewußten Erwachsenen und wieder als gereifte Seele sich zum Geiste hinwendend offenbart.

1. Das kosmische Lautwesen ist gestaltbildend wirksam
2. die Lautbildung wird menschliche Gebärde
3. der Laut wird Sprache in seelischem Erleben
4. der Laut wird als Farbdreiklang erlebt
5. der Laut als Ausdruck der Weltbeziehungen
6. der Laut in seiner Bewegungs-Wirksamkeit
7. der Mensch schafft den Bezug zum Kosmos durch den Laut.

Es ist der Versuch unternommen worden, um die vielseitigen Lautbeschreibungen Rudolf Steiners zu den Vokalen in dieser Weise zu ordnen. Dabei handelt es sich darum, wie auch bei den Konsonanten, daß eine größere Erlebnisweite und Gestaltungsvielfalt im Umgang mit dem eurythmisch-künstlerischen Reichtum angeregt werde. Der menschenkundliche Bezug wird durch das eurythmische Tun der einzelnen Vokalstufen offenkundig. Alle anderen Gliederungsansätze sind wie selbstverständlich darin enthalten. Je nachdem der Laie, der Künstler, der Pädagoge oder der Therapeut mit dem Vokal umgehen, ändert sich die Zielsetzung und die Erscheinungs- bzw. Wirksamkeitsebene. Die Gesamtheit der Aspekte läßt die Größe der Lautwesen ahnen.

IV. Die einzelnen Vokale

1. A in sieben Stufen

Das kosmische Lautwesen ist gestaltbildend wirksam

"Wenn wir uns selbst als Mensch in unserer eigentlichen Wesenheit und Würden erfassen wollen, daß wir uns dann erfassen sollen, als ob die Götter aus dem Umkreis des Weltenalls ihre Kräfte in uns zusammenfließen lassen." (26. Juni 1924)[2]

"...Als Menschen auf der Erde müssen wir unsere Würde dadurch fühlen, daß wir sie von den verschiedenen Punkten des Weltalls zusammenfließend erfassen." (26. Juni 1924)[2]

"...als ob ein Geistiges in uns eindringe, das verwandt wird mit unserem Seelischen, und das uns eigentlich entzwei spaltet" (17. Juli 1923)[10]

"Das A-Erlebnis erlebt eben den Menschen aus dem Kosmos heraus." (26. Juni 1924)[2]

"...'Alpha' umfaßt als Wort noch das Wesen des Lautes,'aleph', es führt das zurück auf Alp-Elf, auf das Wesen, das in Regsamkeit ist, das im Entstehen, im Werden, im lebendigen Bewegen begriffen ist." (19. Februar 1924)[9]

..."Vom Rückgrat aus gehen die Kräfte, die zunächst das Wesen, das ein Alpha ist, umspannen." (19. Februar 1924)[9]

Es ist der Mensch seiner ersten Anlage nach, es ist der älteste Laut (Saturnentwicklung), es ist dann nur Wärme in und um den Menschen. Der Mensch erlebte sich im Staunen über sein eigenes Dasein, reine Verwunderung.

Die Lautbildung wird menschliche Gebärde

"...Und wenn Sie sich die Rippen losgelöst und in Bewegung denken, so haben Sie die Arme....Wenn der Mensch drinnen alpha wirklich fühlt, er öffnet sich der Welt in Verwunderung... dann haben Sie eurythmisch durch die Armbewegung oder die Armstreckung gabelig das A angedeutet..." (19. Februar 1924)[9]

"Du Mensch, du bist aus zwei verschiedenen Punkten des Weltalls. Du streckst die Arme dahin, um diese zwei Richtungen zu erfassen. Jetzt erfaßt du das, woraus du stammst. Du fühlst, wie diese Kräfte durch deine Arme strömen, wie sie in deiner Brust zusammenströmen: dann hast du das a." (26. Juni 1924)[2]

"Das A-Erlebnis in der Gebärde setzt voraus, daß Sie in Ihrem Bewußtsein die Muskelstreckung erfassen; Sie müssen also den gestreckten Muskel erfassen." (26. Juni 1924)[2]

"... die Darstellung des A als etwas Empfangendes. Man greift hinein in dasjenige, was den Menschen aus dem Weltall heraus zeugt." (26. Juni 1924)[2]

Aleph wirkt aus dem Kosmos aus zwei Richtungen symmetrisch leibbildend und lebt im Innern als der sich verwundernde Mensch. Anthropos ist der zu den Höhen Blickende, der in den Höhen des Lebens seinen Ursprung Suchende.[5]

In der Menschenkunde ist es der atmende Mensch im umfassendsten Sinn; mit dem Atem beginnt das Leben.

Im IAO wird aus der aufrechten Säule "der Kopfpunkt hinter den Fußpunkt verlegt und als A empfunden." (September 1912)[1]

"...Beim A gehen wir zentripetal aus zwei verschiedenen Seiten herein, "...wir müssen das Greifen fühlen, ...das Erfassen von etwas, was einem entgegenkommt." (26. Juni 1924)[2]

Der eurythmische Ansatz liegt auf Herzraum-Höhe zwischen den Schulterblättern auf dem Rücken, der Siegfried-Stelle.

Der Laut wird Sprache in seelischem Erleben

Das A ist Alpha, der seinen Atem Empfindende[14]

Atma ist der lebendige Atem der Götter, der Geistesmensch[16]

"Aleph ist ein Geistiges, ein Elf, der sich verwundernde Mensch"[2]

"...A ist das Empfinden, das aus dem Innern kommt in Erstaunen und Verwunderung." (24. Juni 1924)[2]

"...die Philosophie beginnt mit der Verwunderung, mit dem Erstaunen"

"...der sich verwundernde Mensch, der über sich selbst, über sein wahres Wesen sich verwundernde Mensch, der vor sich erstaunende Mensch, der Mensch in seiner höchsten, idealsten Entfaltung." (24. Juni 1924)[2]

"Wenn Sie A sprechen oder eurythmisieren, senken Sie, so gut es geht, Ihren astralischen Leib in Ihren physischen Leib hinein: das bedeutet Wohlempfinden, Wohlbehagen." (19. Februar 1924)[9]

"Und so lernen Sie empfinden A als Abwehr, und drücken Sie es durch nach oben umgebogene Hände aus." (16. September 1912)[1]

"Halleluja, ich reinige mich von allem, was mich am Anblick des Höchsten hindert." (22. September 1912)[1]

Der Laut als Farbdreiklang erlebt

Aus den farbigen künstlerischen Mitteln bildet sich das A

aus: "rötlichlila in der Bewegung", "grünlichbläulich im Gefühl" und "leichtrot im Charakter."

Mit der rötlichlila Bewegung öffnet sich die Hingabe-bereite Seele mit der Gebärde, ein kühles Licht kommt im grünlich-bläulichen Gefühl aus der Welt heran: es entsteht eine offene, atmende Gebärde. In der Wärme des leichtroten Charakters bekommt das Staunen, das Verwundern seine Lautgestalt.

"...der Mensch öffnet sich der herankommenden Welt 'verwundernd'." (19. Februar 1924)[9]

Der Laut als Ausdruck der Weltbeziehungen

"...die Philosophie, die Liebe zur Weisheit, beginnt mit dem A... Letzten Endes will man den Menschen erkennen. So beginnt man Menschenerkenntnis, Menschenanschauen mit dem A... Wenn man das Verborgenste entdeckt, wie er ganz aus dem Geistig-Seelisch-Leiblichen herausgebildet ist..., dann steht man vor dem Menschen, vor dem man A im höchsten Erstaunen sagen kann." (24. Juni 1924)[2]

"... Und dieses Sich-Verwundern mit dem im Leibe selbst, im Menschenwesen selbst vorhandenen Astralleib, das muß einmal empfunden werden, wenn das A wahr werden soll." (19. Februar 1924)[9]

Der Laut in seiner Bewegungswirksamkeit

"...als ob Geistiges in uns eindringe, das verwandt wird mit unserem Seelischen und das uns entzwei spaltet." (17. Juli 1923)[10]

"Das Moll-Erleben ist immer ein In-sich-Zurückgehen mit seinem Seelisch-Geistigen, ein Ergreifen seines Leiblichen durch das Seelisch-Geistige.

"...Das können Sie am leichtesten aus dem A- und E-Erlebnis herausholen." (19. Februar 1924)[9]

"Der Mensch kann gerade dasjenige, was ihn an sich selbst in Verwunderung versetzt, nur von verschiedenen Richtungen des Himmels her empfinden." (26. Juni 1924)[2]

"Es ist die Wirkung gegen das Tierische im Menschen durch die himmlische Verbindung gegeben. Die Symmetrie der zwei Richtungen ist dabei die Grundlage zur Freiheit." (13. April 1921)[7]

Verehrung und Vertrauen wachsen aus dieser Grundlage.

Die Verwunderung ist der Mensch.

Die große Gebetshaltung ist ein nach oben abgeknicktes, offenes A, der Mensch hält sich in seiner Verwunderung für das Höchste zurück.[7]

Verschiedene therapeutische Übungen sind mit dem A verbunden. Hier sei nur auf A-H, A-Verehrung und H-A, das eurythmisch Sich-Lösen wie im Lachen verwiesen.[7]

Die Zone der Wahrheit öffnet sich über dem Menschen, die Zone der Vergangenheit schiebt die Gestalt nach unten zusammen. Die Zone der Erwartung öffnet sich in der Haltung nach vorn. (25. August 1915)[1]

Der Mensch schafft den Bezug zum Kosmos durch den Laut

Zum A gehört die Venus in Grün. Venus ist der Planet der liebenden, hingebenden Wesenheit. (7. Juli 1924)[2]

Die Weltanschauung der Mystik gehört hierher.[11]

Wachstum und innere Vermehrung gehört als Lebensprozeß hierher.[12]

Schönheit und Hingabe, Verehrung und Liebefähigkeit sprechen diese Verbindung aus.[13]

Das Besitzergreifen vom Flüssigen schafft den Zusammenhang des Kosmischen im Leiblich-Physischen. [15]

2. E in sieben Stufen

Das kosmische Lautwesen ist gestaltbildend wirksam

"Wenn der Mensch E ausspricht, hat er das Gefühl: Geistiges geschieht in ihm." (17. Juli 1923)[10]

...oder, daß dieses Geistige wie in unseren eigenen Leib eingeht und uns durchsetzt." (21. Juli 1923)[10]

... das eigentliche Merkursymbol müssen wir im E suchen.

Die Lautbildung wird menschliche Gebärde

Beim E hat man das Empfinden: "das hat mir etwas getan, das ich spüre." (24. Juni 1924)[2]

E weist hin auf: "Etwas hat einem was getan, und man hat sich dagegen aufrecht erhalten. Man läßt sich nicht anfechten durch etwas, was einem geschieht." (25. Juni 1924)[2]

"Wir haben in dem E das Berührtwerden und sich-aufrecht-erhalten, sich erhalten in der Berührung." (25. Juni 1924)[2]

"...wie in der ausgeatmeten Luft in der E-Bildung, etwas wie gekreuzte Ströme sich als Imagination vor uns hinstellen." (26. August 1923)[9]

"Das E fühlen bedeutet aber schon: sich aufrecht erhalten gegen etwas." (19. Februar 1924)[9]

"Man kann es nur erleben, wenn etwas geschehen ist, wenn man etwas spürt. Man spürt etwas in der Gebärde, wenn ein Teil des menschlichen Organismus mit dem anderen in Zusammenhang gebracht wird." (26. Juni 1924)[2]

"Das Berühren ist die Nachahmung, daß einem etwas geschehen ist; das Halten in der Kreuzesform ist das Dann-sich-aufrecht-Erhalten. Es liegt der eine Arm auf dem anderen..." (26. Juni 1924)[2] (Arme-Finger-Beine-Augachsen kreuzen)

"... beim E-Erlebnis ist die Hauptsache das Ruhen des einen Armes auf dem anderen, oder das Andrücken, in dem Fühlen der Kreuzung liegt das hauptsächliche Erlebnis." (26. Juni 1924)[2]

Der eurythmische E-Ansatz entsteht in Herzhöhe im Brustkorb vor der Wirbelsäule bzw. oder auch vor dem Brustbein innen.

Der Laut wird Sprache in seelischem Erleben

"Das Ruhen oder Andrücken der Glieder aufeinander empfinden als Das-sich-Haltgeben gegenüber der Welt, gegenüber dem Geschehen." (26. Juni 1924)[2]

"...Das Sich-selber-Betasten ist in dem eurythmischen E der Ausdruck. Dieses Sich-selber-Betasten ist durch den ganzen menschlichen Organismus durchgeführt...Es ist ein fortwährendes Sich-Zusammenfassen." (14. April 1921)[7]

"Lernen Sie in jeder, wenn auch nur angedeuteten Kreuzung ein E empfinden, verbunden mit dem Gefühl des Staunens..."

"...aber auch alle möglichen Nuancen des Staunens im Empfinden z.B. Ehrfurcht, Furcht, Ekel etc." (16. September 1912)[1]

Der Laut als Farbdreiklang erlebt

Aus den farbigen künstlerischen Mitteln bildet sich das E aus: "grün in der Bewegung", "hellgelb im Gefühl" und "ganz schwach rot im Charakter"

Mit der grünen Bewegung weitet sich die Seele flächig ins Horizontale in wachem Träumen, von links und rechts kommt hellgelbes Licht auf das atmend bewegende Grün zu und bringt es in ziemlich heftige Bewegung, wobei andeutend sich kreuzende Gebärden bereits entstehen. Mit dem ganz schwachen rot ruft die erstaunte Seele sich selber Halt zu, auf die heftige Einwirkung reagierend und sich dann in der Kreuzung selber erhaltend.

"...jede Gebärde, die also ganz wirklich diese Empfindung des Berührtwerdens des einen Teiles des Organismus von dem anderen spürt, die drückt die E-Empfindung aus..." (26. Juni 1924)[2]

"...das hat mir etwas getan, das ich spüre: sich erkennen, sich begegnen, sich abgrenzen, sich wehren etc." (24. Juni 1924)[2]

Der Laut als Ausdruck der Weltbeziehungen

"...wir setzen uns zur Wehr, wir stellen uns der Welt gegenüber. Die Welt ist da, und wir stellen uns der Welt gegenüber hin... Wir berühren uns selber. 'Ich bin auch da gegenüber der Welt' sagen wir, wenn wir E empfinden... "Mein eines Glied bringt es an dem anderen zur Empfindung, daß ich auch da bin." (19. Februar 1924)[9]

"...Sich erhalten in der Berührung, sich innerlich erfassen, sich innerlich zusammenziehen, gewahr werden seiner selbst." (26. Juni 1924)[2]

"...irgendetwas hat mich berührt, ich behaupte mich dagegen." (25. Juni 1924)[2]

Der Laut in seiner Bewegungswirksamkeit

"...ein anderes empfinden und sich dagegen wehren, das Auf-sich-selbst-Stellen gegen ein anderes, das ist im E....im A und im E ist es ein Ergreifen des physischen Leibes durch den astralischen Leib." (19. Februar 1924)[9]

"... Das E fixiert das Ich im Ätherleib, es prägt sehr stark das Ich in den Ätherleib hinein." (13. April 1921)[7]

Astralleib und Ich verbinden sich im E mit dem Physisch-Leiblichen: in der schrittweisen E-Gebärde der Welt entgegen sich behauptend, in der schrittweisen E-Gebärde aus der Welt zu sich, sich haltend und verinnerlichend.[7, 9]

"Geistiges zieht in uns ein in den eigenen Leib und durchsetzt uns."[10]

"...diese Bewegung (wiederholende E-Gebärde von oben nach unten, von außen nach innen) ist diejenige, die fördernd sein wird bei Schwächlingen, bei Dünnlingen..., bei denen das Schwachsein von innen kommt, aber organisch bedingt ist... E rückwärts machen wiederholentlich bei seelischen Gründen für das Dünnwerden." (13. April 1921)[7]

Als seelische Übung:"das Liebe-E", "eine umfassende Gebärde mit dem Gefühl der Liebe zu etwas gefolgt von einer kräftigen E-Gebärde"

"...Wirkung vom Ätherischen auf sein Astralisches, eine Zirkulation erwärmende Wirkung." (16. April 1921)[7]

Das "Geschicklichkeits-E" gegen Ungeschicklichkeiten:
(Arm-E und zugleich mit der Ferse auf das Knie als Kreuzung)

"Herz-E" zur Stärkung des Herzens:
(zu zweit E laufen im Raum mit der Armgebärde dazu) (16. April 1921)[7]

Der Mensch schafft den Bezug zum Kosmos durch den Laut

Zum E gehört der Mars im Rot.

Der Mars ist der Planet der agressiven Fähigkeit." (7. Juli 1924)[2]

Die Sprech-Bewegung, die Sprachfähigkeit verdanken wir dieser kosmischen Verbindung.[5]

Die "Ernährung" gehört als Lebensprozeß hierher.[12]

Von den Weltanschauungsstimmungen leben wir im Voluntarismus.[11]

Das Ergreifen der Bewegung, das Zusammenhalten in der Wärme sind kosmische Wirkungen im Leiblich-Physischen.[15]

3. I in sieben Stufen

Das kosmische Lautwesen ist gestaltbildend wirksam

"Das I ist ein Ausdruck für die menschliche Person. Es drückt sich die ganze individuelle Person dadurch aus." (13. April 1921)[7]

Das I ist leicht zu empfinden als die Selbstbehauptung, als die feste Selbstbehauptung. (25. Juni 1924)[2]

Der Mensch selber als Individualität hat sich im I am stärksten verbunden mit seinem physischen Leibe.

"Wer das I fühlt, fühlt wie es durch den Atem geht, und wie der Atem sich vergeschwistert mit der Blutpulsation, der weiß, daß indem das I ausgesprochen wird, der Mensch seine Wesenheit selber in den Raum hineinstellt." (21. Juli 1923)[10]

"Sprechen wir ein I, ... so haben wir die Befestigung unseres Geistigen in uns selbst, gewissermaßen die Ausfüllung durch dasjenige, was in Betracht kommt von uns selbst zu sehen." (17. Juli 1923)[10]

Die Lautbildung wird menschliche Gebärde

"I ist jedes Strecken, wo Sie es nur empfinden, sei es in den Armen, in den Beinen, sei es in der ganzen Gestalt, aber auch im Blick, mit der Nase, der Zunge, oder nur mit einem Finger oder, wenn Sie es können, nur mit einer Zehe. Aber das Streckerlebnis muß es sein." (16. September 1912)[1]

"...beim I gehen wir vom Zentrum nach auswärts, wir fühlen das Strecken, wir fühlen den Zug von uns ausgehend, vom Herzen hinaus durch den Arm und durch die beiden Arme, oder durch die Beine, oder auch durch die Sehrichtung..." (26. Juni 1924)[2]

"...das Strecken muß innerlich erlebt werden, beim I das Ausstrecken von innen empfinden." (26. Juni 1924)[2]

"...Ein I, das das Bild der Selbstbehauptung ausdrückt, will empfunden werden durch das Gewahrwerden des gestreckten Muskels...";

"darauf kommt es an, daß dieses Streckgefühl, dieses Hineinstoßen bei dem ausgestreckten Glied bei dem I zum Ausdruck kommt." (26. August 1923)[9]

"Stellen Sie sich aufrecht hin und versuchen Sie eine Säule zu empfinden, deren Fußpunkt der Ballen Ihrer Füße und deren Kopfpunkt Ihr eigener Kopf, Ihre Stirne ist. Und diese Säule, diese Aufrechte, lernen Sie empfinden als I." (26. September 1912)[1]

Der eurythmische Ansatz entsteht in der Mitte, mittlerer Raum, und wandert je nach der Ausdrucks-Nuance etwas mehr nach oben bzw. unten.

Der Laut wird Sprache in seelischem Erleben

"Der Mensch will seine Selbstbehauptung, sein Sichhineinstellen in die Welt ausdrücken." (26. August 1923)[9]

"das I ist das Erleben des Sich-Geltendmachen,... man springt erst in die Luft, stellt sich dann auf den Boden, wenn man das I sagt." (22. Februar 1924)[9]

"... das I sprüht Feuer nach außen..., es ist immer ein Strahlen,... es ist im I der reine Dionysos." (2. Juli 1924)[2]

Das I ist der Laut, der am meisten an den Menschen herankommt, sich mit dem Menschen als Individualität identifiziert. Er ist dadurch zugleich Mittelpunkt-Erleben und dieses Zentrum in die Welt hineinstellend.

"...das I ist das Neugierig-Gewesen-Sein und dann Darauf-Gekommen-Sein!" (24. Juni 1924)[2]

"...jedes Strecken - andeutend in sich sich erleben." (Faksimile für T. Kisseleff 1914)[1]

Der Laut als Farbdreiklang erlebt

Aus den farbigen künstlerischen Mitteln bildet sich das I aus: "gelborange in der Bewegung", "rot im Gefühl" und "leise blau im Charakter."

"Mit dem Gelborange strahlt die gesund empfindende Seele in die Welt hinein mit einer gestreckt empfundenen Gebärde. Aus der Welt strömt ein heller roter Wärmestrom, die Aufrechte betonend, von unten nach oben mit und verstärkt die gelborange Bewegung. In dem hellen Blau des Charakters wird einseitig zu dem Herausstrahlen ein Halt durch die Gestalt geboten, der auch den anderen Arm und den Teil der Gestalt mit der Erde verbunden bleiben läßt.

"...das I stellt immer eine verteidigende Selbstbehauptung dar. Es ist die reine Selbstbehauptung. (25./26. Juni 1924)[2]

Der Laut als Ausdruck der Weltbeziehungen

"... Es soll nicht nur die Form nachgeahmt werden, sondern die Form innerlich erlebt werden, so daß beim I das Ausstrecken empfunden wird." (26. Juni 1924)[2]

Vom Dur im Übergang zum Moll entspricht dem Übergang vom O zum A oder vom A zum O ..."da kommen Sie von draußen ins Innere hinein. Da kommen Sie vom Heraustreten mit dem astralischen Leibe zum Untertauchen des astralischen Leibes hinein. Da kommen Sie von der Krankheit in die Gesundheit, von der Gesundheit in die Krankheit hinein. Das ist das I. Und das I ist immer dasjenige, was das neutrale Sich-Fühlen ist zwischen dem Heraussenerleben und Drinnenerleben im Verhältnis zum Leibe." (19. Februar 1924)[9]

Der Laut in seiner Bewegungswirksamkeit

"das I offenbart den Menschen als Person" (13. April 1921)[7]

"Der Mensch stellt seine Wesenheit selber in den Raum hinein." (21. Juli 1923)[10]

Die heileurythmische große-I-Übung sei nur erwähnt, als Ausdruck für die Individualität des Menschen: "für Personen, die nicht ordentlich gehen können." (13. April 1921)[7]

"... im I haben wir die Befestigung unseres Geistigen in uns selbst..." (17. Juli 1923)[10]

Der Mensch schafft den Bezug zum Kosmos durch den Laut

Zum I gehört der Merkur im Gelb.

Merkur ist der Planet der egoistischen Wesenheit (7. Juli 1924)[2]

Zu den inneren Bewegungen gehört hierher die Atembewegung.[5]

Der Lebensprozeß der Erhaltung gehört zum Merkur.[12]

Das Besitzergreifen vom Festen ist die Verbindung zwischen Kosmos und Leiblich-Physischem.[15]

Moralische Kräfte kosmisch von außen erlebt sind Klugheit, Intellekt, Egoität, Regsamkeit.[15]

Als Weltanschauungsstimmung gehört der Transzendentalismus zum Merkur.[11]

Die strahlende, impulsierende, einseitige Bewegung ist in der eurythmischen Gebärde evident.[13]

4. O in sieben Stufen

Das kosmische Lautwesen ist gestaltbildend wirksam

"Wenn der Mensch das O ausspricht, muß er das Gefühl haben:"Geistiges offenbart sich vor ihm." (21. Juli 1923)[10]

"Sprechen wir ein O, dann stehen wir einem Geistigen gegenüber, das sich uns schon ankündigen kann, das durch es selbst uns etwas sagt." (17. Juli 1923)[10]

"Bei dem O gehen Sie aus sich heraus und schließen etwas in sich ein. Sie umschließen etwas." (19. Februar 1924)[9]

"Sagen wir O, so ist das eben ein deutliches Herausgehen mit der Seele aus dem Leibe." (19. Februar 1924)[9]

"Wenn ich sage, ich gehe mit meiner Seele in mein Geistiges hinein - trotzdem ich herausgehe, gehe ich hinein in mein Geistiges: das ist gerade das Gegenteil, so wie ich im Einschlafen auch in mein Geistiges hineingehe und aus meinem Physischen herausgehe. Wenn ich sage: ich gehe in mein Geistiges hinein im O, dann rede ich musikalisch." (19. Februar 1924)[9]

Die Lautbildung wird menschliche Gebärde

"Jede zusammen sich fügende Rundung der Glieder, verbunden mit der Empfindung eines liebevollen Umfangens ist O." (16. September 1912)[1]

"O, wenn Sie Liebe zu einem Wesen haben und dieses Wesen mit den Armen umfassen; dann bekommen Sie die naturgemäße Gebärde der O-Bewegung heraus, die halbkreisförmig gebogenen Arme, die das andere umfassen." (26. Juni 1924) [2]

"...die O-Gebärde so machen, daß Sie sich schon von Anfang an gegen das Ende in die Rundung hineinlegen, ganz schmiegsam, von Anfang an die Arme runden.(26. Juni 1924)[2]

"O erleben: Ich trete an einen Baum heran, umschließe ihn mit meinen Armen, aber ich bin selbst dieser Baum. Ich bin ein Baumgeist, eine Baumseele geworden, bin eins geworden mit dem Baum. Ich gehe heraus aus mir. Das, worauf es ankommt, ist in meinen Armen. (19. Februar 1924)[9]

IAO: ..."Neigen Sie den Kopfpunkt der Säule vor den Fußpunkt und lernen Sie so ein O empfinden." (September 1912)[1]

Der eurythmische O-Ansatz entsteht in Höhe des Herz-Raumes gerade vor dem Brustbein außerhalb des Brustkorbes.

Der Laut wird Sprache in seelischem Erleben

"Es ist die Bewunderung, die mit dem liebevollen Umfangen verbunden ist." (Faksimile T. Kisseleff 1914)[1]

..."Im O wird im wesentlichen gebärdenhaft dasjenige, wenn der Mensch nicht nur sich empfindet, sondern von sich ausgehend ein anderes Ding oder Wesen empfindet, das er umfassen will." (26. Juni 1924)[2]

"Das O ist ein verständnisvolles Sich-Stellen gegen dasjenige, was schon auch Erstaunen hervorruft, ...aber das O bringt uns schon in ein intimeres Verhältnis zu demjenigen, was wir auffassen." (26. Juni 1924)[2]

Der Laut als Farbdreiklang erlebt

"Die O-Stimmung ist diejenige des Umfassens, des In-sich-Aufnehmens, des Mit-sich-Vereinigens. Sie brauchen daher helle Farben." (1. Juli 1924)[2]

Aus den farbigen künstlerischen Mitteln bildet sich das O aus:"rötlich in der Bewegung", "grünlichgelb im Gefühl" und "blau im Charakter."

Mit der rötlichen Bewegung öffnet sich die Seele für den Umkreis, geht mit der Bewegung in zarter Aktivität in die Welt. Das grünlichgelb kommt entsprechend zart aus dem Umkreis und es entsteht eine atmende Bewegung zwischen Strecken und Beugen. Der blaue Charakter ergreift die Gebärde befestigend und gibt ihr die Gestaltung zur Rundung des O-Lautes.

Der Laut als Ausdruck der Weltbeziehungen

"In dem O haben wir die Gebärde, wo die Welt etwas durch den Menschen erlebt, in dem der Mensch etwas anderes von der Welt erfaßt."[2]

"Das O bringt uns schon in ein intimeres Verhältnis zu demjenigen, was wir auffassen." (26. Juni 1924)[2]

"Bei dem O kommt es darauf an, daß Sie wachend einschlafen, indem Sie Ihr ganzes Sein herausspazieren lassen in denjenigen Raum, den Sie mit der O-Geste umschließen."[9]

"Wenn man aus sich herausgeht im O, so geht man eigentlich mit dem Seelischen in das seelische Element hinein. Und in dem ich sage: Ich gehe im O mit meinem astralischen Leib aus meinem physischen Leib heraus, spreche ich sprachlich." (19. Februar 1924)[9]

Der Laut in seiner Bewegungswirksamkeit

Beim O gehen wir aus uns heraus und schließen etwas in uns ein. Der Bezug ist draußen und ich bin in mir. (Zusammenfassung)

"Das O offenbart den Menschen als Seele."[7]

"die große O-Vokalübung wirkt gegen das Dicklich werden." (13. April 1921)[7]

Das O zu zweit zur Stärkung des Zwerchfelles. (16. April 1921)[7]

Der Mensch schafft den Bezug zum Kosmos durch den Laut

Zum O gehört der Jupiter in Orange.

Jupiter ist der Planet der weisheitwirkenden Tätigkeit. (17. Juli 1924)[2]

Zu den inneren Bewegungen gehört die Denkbewegung.[5]

Der Lebensprozeß der Wärmung gehört zum Jupiter.[12]

Die Denkfähigkeit und die Weisheit gehören zu Jupiter.[13]

Als Weltanschauungsstimmung gehört der Logismus zu Jupiter.[11]

Neigungen, Wohlwollen, Freudigkeit als inner-seelische Qualitäten, moralische Kräfte.[15]

5. U in sieben Stufen

Das kosmische Lautwesen ist gestaltbildend wirksam

"...im U kommt die menschliche Seele in seinem Zusammenhang mit demjenigen, was überirdisches Geschehen, außer ihr ist, das sie eigentlich gar nichts angeht."[10]

"...ein außer dem Menschen befindliches überirdisches Geschehen, das den Menschen gar nichts angeht, das er aber gewahr wird, dann drückt der Mensch dieses Gewahrwerden durch den U-Laut aus."[10]

"... ein Geistiges außen, das aber den Menschen nicht unmittelbar berührt, sondern in das sich der Mensch erst hineinversetzen muß" (17. Juli 1923)[10] ("Buch")

"...U ist ein deutliches Herausgehen mit der Seele aus dem Leibe,... man verläßt mit astralischem Leib und Ich den physischen Leib und Ätherleib, wenn auch nur partiell, und wenn man es auch nicht merkt; aber es ist ein wachendes Einschlafen..." (19. Februar 1924)[9]

Die Lautbildung wird menschliche Gebärde

"U: jedes Nach-oben-Wenden... z.B. in Lust, Jubel, Juchhe durch einen Sprung oder ein Sprüngchen." (16. September 1912)[1]

"U: beide Hände parallel ausdrücken." (Kisseleff, Faksimile 1914)[1]

"U: ich laufe selbst an meinen Armen entlang, indem ich die U-Bewegung mache. Ich bin überzeugt davon: U = fort, fort, fort, fort in dieser Richtung." (19. Februar 1924)[9]

"...U am besten, wenn man die Arme möglichst aneinanderlegt, aber es kann auch in der Andeutung bestehen, daß man nur das Zusammenfügen eben andeutet. Ein U ist es z.B. auch, wenn man sich hinstellt und die Beine aneinanderdrückt." (26. Juni 1924)[2]

Der eurythmische Ansatz entsteht ebenso im Herzraum parallel an der Wirbelsäule vorbeiströmend als schmalstes U bzw. auf Schulterbreite als weitestes U.

Der Laut wird Sprache in seelischem Erleben

"U kann empfunden werden als dasjenige, was seelisch-innerlich erkältet, versteift, erstarrt..., wobei einen friert. Also das Erkältende, Versteifende." (26. Juni 1924)[2]

"...sich klein fühlen, sich erkältet, versteift fühlen, ein Sich-Zurückziehen, ein Sich-an-sich-Halten." (26. Juni 1924)[2]

"...man hat ein leises Gefühl dafür, daß die menschliche Seele sich in dem U-Laut äußert, wenn ihr etwas unheimlich wird, etwas Unbestimmtes, das sie nicht schauen kann." (17. Juli 1923)[10]

Das geht von Ängstlichkeit bis zur Sehnsucht in unendliche Ferne, aber auch bis zur Ruhe und Andacht.

Der Laut als Farbdreiklang erlebt

Aus den farbigen künstlerischen Mitteln bildet sich das U aus: "blau in der Bewegung", "gelb im Gefühl" und "lila im Charakter".

Mit dem Blau ist die Seele an die Gestalt gebunden, gehalten, aber durchaus durchlässig hingegeben an den Umkreis. Aus der Welt strahlt dieses helle Gelb ein und trifft auf diese Gehaltenheit, lichtet sie auf, weckt Interesse für den Ursprung und die Zukunftsferne, denn das Gelb legt sich von hinten und vorne an die Gestalt, an das Blau heran. Es entsteht wiederum eine atmende Gebärde: Einerseits an die Gestalt gebunden, mit hellem Hintergrund, andererseits schmal, parallel in den Armen in die Ferne gezogen. Der lila Charakter bringt dann den gestaltenden Ausschlag, läßt die Arme sich berühren in der Streckung vor der Gestalt.

Der Laut als Ausdruck der Weltbeziehungen

"Das U-Empfinden, das ist: Verbundensein mit etwas und eigentlich Wegwollen davon, irgendwo anders hin folgen also der Bewegung, die man macht, aus-Sich-Herausgehen, den Weg sich bereiten." (19. Februar 1924)[9]

"... Und indem ich sage ich gehe im U mit meinem astralischen Leib aus meinem physischen Leib heraus, spreche ich sprachlich." (19. Februar 1924)[9]

Der Laut in seiner Bewegungswirksamkeit

"das U offenbart den Menschen als Mensch" (13. April 1921)[7]

"die große Vokal-U-Übung ist für das richtig stehen können." (13. April 1921)[7]

"...beim U tritt das Hervorrufen der Standfestigkeit ein." (14. April 1921)[7]

Hoffnung-U: das bedeutet eine starke Einwirkung des Astralischen auf das Ätherische, dadurch wird eine wohltätig erwärmende Wirkung auf das Atmungssystem ausgeübt." (16. April 1921)[7]

"Wenn ich 'Buch' sage, so liegt das in dem Gewahrwerden von etwas, das irgendwo als geistiger Inhalt vorhanden ist, wo ich mich erst hinzudrängen muß, um es wahrzunehmen." (17. Juli 1923)[10]

Geistiges, das mir fremd ist, das ich mir erobern muß, wonach ich strebe, das sein Geheimnis nicht preisgibt.

Der Mensch schafft den Bezug zum Kosmos durch den Laut

Zum U gehört der Saturn im Blau.

Saturn ist der Planet des Tiefsinns, zum Ausdruck bringend, In-Sich-Geschlossenheit. (7. Juli 1924)[2]

Zu den inneren Bewegungen gehört die Aufrechtbewegung.[5]

Der Lebensprozeß der Atmung in allem Lebendigen, auch in den Sinnen gehört zum Saturn.[12]

Das Sinnesleben als ersterbendes Leben gehört zu den Lebensstufen und der Wirksamkeit des Saturn.[4]

Das Instinktleben ist die moralische Kraft kosmisch von außen erlebt.[15]

Die innere Seelenwärme ist die Kraft, die auch mit in der eurythmischen Gebärde des Saturn zum Ausdruck kommt.[13]

Als Weltanschauungsstimmung gehört die Gnosis zum Saturn.[11]

V. Literaturangaben

1. Rudolf Steiner, Die Entstehung und Entwickelung der Eurythmie (GA 277a), September 1912 bis September 1915
2. Rudolf Steiner, Eurythmie als sichtbare Sprache (GA 279), 24. Juni bis 12. Juli 1924
3. Rudolf Steiner, Zwölf Stimmungen, Wahrspruchworte (GA 40)
4. Rudolf Steiner, Anthroposophie als Kosmosophie, Zweiter Teil (GA 208), 28. Oktober 1921
5. Rudolf Steiner, Der Mensch im Lichte von Okkultismus, Theosophie und Philosophie (GA 137)
6. Rudolf Steiner, Notizbuch 1914 für T. Kisseleff (in: Die Entstehung und Entwickelung der Eurythmie (GA277a)
7. Rudolf Steiner, Heileurythmie (GA 315)
8. A. Dubach-Donath, Die Grundelemente der Eurythmie
9. Rudolf Steiner, Eurythmie als sichtbarer Gesang (GA 278)
10. Rudolf Steiner, Ansprache zur Eurythmie vom 17. Juli 1923 (in: Eurythmie - die neue Bewegungskunst der Gegenwart (Taschenbuch Nr. 642), und: Ansprache zur Eurythmie vom 12. Juli 1923 (in GA 277)
11. Rudolf Steiner, Der menschliche und der kosmische Gedanke (GA 151)
12. Rudolf Steiner, Das Rätsel des Menschen (GA 170), 15. August 1916
13. Rudolf Steiner, Das Osterfest als ein Stück Mysteriengeschichte der Menschheit (in GA 233a), 21. April 1924
14. Rudolf Steiner, Das Alphabet, ein Ausdruck des Menschengeheimnisses (GA 209)
15. Rudolf Steiner, Menschenfragen und Weltenantworten (GA 213), 1. Juli 1922
16. Rudolf Steiner, Theosophie (GA 9)

Es ist bei der Zusammenstellung keine Vollständigkeit aller Lauthinweise angestrebt worden. Auch sind nicht alle Laute behandelt. Oft ist nur die weiche oder die harte Form eines Konsonanten beschrieben.

Manchmal ist eine Charakteristik eines Lautes auch in einer anderen Stufe einzuordnen. Im aktiven Umgang sind verschiedene Standpunkte möglich.